CARMEN CARLONE

CLEXIDRE
E I SUOI MONDI

Un volo lontano, ma lontano lontano,
all'interno di lei...

Edizioni SplendidaMente

ISBN 978-88-32126-15-0

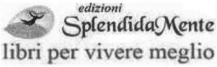
edizioni
SplendidaMente
libri per vivere meglio
Via G. Mazzini, 27
20056 Trezzo sull'Adda (MI)
Tel. 380 3656810 - 339 7184947
splendidamente2011@libero.it
www.edizionisplendidamente.com
Facebook "SplendidaMente"

A Te, padre, che mi avevi detto:
"Prendi la tua strada",
e io l'ho presa e ti ho portato con me,
sempre...

INTRODUZIONE

Conoscere e incontrare Carmen Carlone, attraverso questo suo libro, è un privilegio che non facciamo a lei ma a noi stessi. È una buona, grande occasione per lasciarle spazio, e farla entrare così nella propria vita, come quelle persone appena conosciute che, mentre ti si svelano, comprendi che dovevi proprio incontrarle; erano nel tuo destino, poiché la loro pulizia e il loro esempio ti migliorano.

Carmen è una persona buona, autentica e luminosa, che ha scelto un compito già di per sé tra i più difficili, nelle professioni ai livelli più alti del servizio: accogliere i bambini in quella che, spesso, è la loro prima separazione in assoluto dalla loro mamma e dal rassicurante scenario familiare. Lei è infatti lì, con il suo sorriso bellissimo, a rassicurare, a proteggere i bambini che arrivano, attraverso la scuola dell'infanzia, in quel mondo che li aspettava. Carmen, senza sostituirsi a competenze mediche, si occupa anche di ragazzi che, nelle scuole medie, dichiarano dei piccoli e grandi disagi, sostenendoli e indirizzandoli, quando serve, a medici adatti a prenderli in carico terapeutico. E ancora, Carmen, se serve, riesce ad ascoltare e ad accogliere anche i loro genitori, e chiunque avesse bisogno di rivolgersi a lei, essendo attiva in questo campo attraverso le sue competenze nel Counseling e nel Coaching.

Conoscerla e scoprire che persone come lei esistono e sono sempre disponibili, al bisogno, ad aiutare chi le cerca, a crescere e migliorare con un amore e una disponibilità attenta e rara, è davvero rassicurante per chi è in cammino, e in cammino lo siamo tutti. Io che ho avuto il privilegio di poterla accompagnare nella sua crescita, posso testimoniare il suo impegno incondizionato e la sua volontà di apprendere, animata da uno spirito di assoluto interesse per la conoscenza: Carmen è una persona che ha trascorso notti intere a studiare, per spostare i limiti suoi e di chi si rivolge a lei.

Vale la pena di ascoltare quello che Carmen ha da dire, poiché parla alle parti migliori di noi che, riscoprendosi capaci di ascoltare, si ricordano di esistere.

Grazie Carmen, e buona lettura a chi la incontra...

Tiberio Faraci.

PARTE PRIMA

*Quando un appuntamento mancato
ci porta dove eravamo attesi...*

Capitolo Uno

"PERCHÈ PARTE CLEXIDRE?"

"La caratteristica del Cammino è far dimenticare in fretta le ragioni per cui si è partiti; la strada continua ad agire su chi l'ha percorsa. Lo fa lentamente, in maniera sottile e discreta, come è nel suo stile. Un' "alchimia dell'anima" che non necessita di spiegazioni. Basta partire, lungo i sentieri o sulla carta poco importa*".

Mi piace il mio nome: Clexidre. Forse perché in quelle due "x" che contraddistinguono il cromosoma femminile è già racchiuso il nostro destino di donne: accogliere dentro di noi, custodire, far crescere, per poi lasciare andare, o andare noi stesse... e poi la frequentazione con le rinunce**. Nessuno è bravo come noi con loro. Rinunciare a una parte delle nostre possibilità è incluso nella nostra natura di donne. Io non voglio più rinunciare. L'ho fatto troppo a lungo. E, per smettere di farlo, ho scelto quindi di intraprendere un "un viaggio speciale all'interno di me"... e affinché ciò sia possibile, ma indimenticabile, ho deciso di farlo lontano.

* Jean-Christophe Rufin.
**L'inattivazione del cromosoma X è un normale processo <u>biologico</u> che interessa tutte le <u>femmine</u> di <u>mammifero</u> e che consiste nella disattivazione (perdita di funzione) di uno dei due <u>cromosomi sessuali</u> <u>X</u> presenti nelle loro <u>cellule</u>. Tale cromosoma viene "silenziato", ovvero reso inerte dal punto di vista <u>trascrizionale</u> (...): il risultato di tale processo è un'attenuata espressione, in tutte le cellule, dei <u>geni</u> portati dai cromosomi ...
<u>https://it.wikipedia.org/wiki/Cellula</u>

Era un sabato pomeriggio. Clexidre si trovava in un piccolo supermercato di quartiere a prendere del latte, e sentì una donna lamentarsi del fatto che avrebbe dovuto trascorrere un intero fine settimana immersa nel niente, nell'attesa del lunedì, per poi ricominciare tutto, e che trovava questo insopportabile, considerando che neanche il suo lavoro le piaceva. "Non mi prenderete nel vostro vortice appiccicoso d'insoddisfazione" aveva pensato Clexidre. E, forse a causa del non funzionamento di una X, o forse perché tra gli infiniti calcoli delle probabilità, come in una slot machine, in quel momento eccezionalmente erano uscite tutte e due le xx, si era ritrovata a Milano-Malpensa con destinazione Maldive.

Un biglietto in mano e un bel segnale a se stessa: "Non mi prenderete, stai attenta Clexidra, non lasciarti colorare di grigio". Uno degli obiettivi che voleva raggiungere era "sposare il coraggio superando la paura". Quante volte abbiamo sentito la domanda "Con chi parti?" La sua risposta era stata: "In compagnia della mia persona". Parto con Carmen. La prima paura che aveva incontrato era stata all'esito del tampone molecolare.

Durante l'attesa Carmen aspettava all'interno di un albergo. Era serena. I suoi pensieri volavano lontano, già verso la meta; la sua sicurezza era alle stelle. Era gioiosa, ma allo stesso tempo coltivava un dubbio.. tradotto in parole suonava come "Speriamo in bene".

Verso le dieci di quel sabato le comunicarono che era probabilmente positiva... e che doveva aspettare ancora un po'... A quel punto l'ottimismo aveva lasciato il posto alla stanchezza, alla frustrazione, e poi alla riflessività.

Le lacrime scendevano da sole. In quel momento trovava particolarmente utile avere la mascherina, perché poteva nascondere la sua tristezza. Si chiedeva: "*A questo giro cosa devo imparare?*" Era arrabbiata, delusa, e si diceva: "*Farò un nuovo tampone... e questa volta andrà bene*", ma la parte ombra già le proiettava un altro film... La strada del ritorno a Torino... e lei che, piangendo, informava la maestra Anna, una sua collega, l'unica che sapeva del suo progetto e del problema del tampone, di avvisare le colleghe.

Il tempo trascorse, e andò nuovamente a chiedere informazioni. Quando le dissero che il tampone era invece negativo, si sentì così leggera che poteva quasi andare fino alla meta da sola: e il viaggio ricominciò... Così Carmen disse a se stessa: "*Vai e prenditi quello che ti spetta. L'universo è con te*". Si ripeteva quello che la dottoressa Lucia Cavallo, psicologa e psicoterapeuta asseriva sul fatto che, a volte, bisogna andare lontano, mentre altre volte basta restare fermi: *ma per guardarsi a fondo quel che conta è cercarsi, incontrarsi.*

A tutti noi capita, almeno una volta nella vita, di non sapere in quale punto esatto siamo del nostro percorso, cosa ci serve e da quale parte proseguire. Che sia un viaggio in una terra sconosciuta, un percorso interiore, un corso professionale o una storia d'amore non importa: quel che conta è cercare di trovare una direzione da seguire.

C'è chi preferisce muoversi senza farsi particolari domande, senza conoscere la destinazione, pur di rimanere in una strada già conosciuta, apparentemente più sicura; e c'è chi invece resta immobile nell'indecisione, paralizzato dall'idea di sbagliare. Sono soluzioni che spesso portano al medesimo risultato: l'insoddisfazione.

Si finisce con il non ascoltarsi, non sapere più cosa è vicino ai **propri desideri**, né di cosa si abbia bisogno. Si può arrivare a dubitare di se stessi, delle proprie emozioni, perché rischiano di allontanare da ciò che qualcuno o qualcos'altro ha già delineato per noi. La possibilità di intraprendere un viaggio, che sia reale o metaforico, crea occasioni di cambiamento; si possono conoscere luoghi, persone, emozioni nuove, liberandosi da vecchi schemi o ruoli che forse occorre modificare.

La meta più ambita resta la **conoscenza di se stessi**: un percorso spesso faticoso, che può spaventare per quel nuovo mondo interiore da scoprire, conoscere e rispettare. A volte **ritrovarsi** implica l'eventualità di doversi prima perdere, e di accettare che rischiare di farlo ha un senso. Non ci può essere scoperta senza allontanarsi da ciò che già conosciamo, così come *non ci può essere riscoperta senza un nuovo sguardo.*

In qualunque modo si scelga di scoprire, o *scoprirsi,* occorre partire per il proprio viaggio. Quando parti spesso smuovi la paura che quel viaggio possa non avere ritorno, o che possa tornare una parte di te meno obbediente, meno accondiscendente, **meno stupida**. Le attenzioni e le preoccupazioni che chi ama prova quando si vuol partire, e le sue paure che possa capitare qualcosa, spesso infastidiscono l'oggetto di quell'amore, che sente a pelle aumentare il controllo dell'altro e che così ne viene irritato.

Partire, a volte anche solo per un po', è l'unica cosa che però dovremmo fare. È caratteristico dell'essere umano prendere in considerazione il futuro e proiettarvisi: in questo modo si possono fare dei piani e ci si creano degli obiettivi. Questa capacità può suscitare parecchia ansia e angoscia. Se stiamo nel "qui e ora" è possibile vedere e accettare ciò che è.

Pensando al futuro *invece* tutto è possibile, il peggio e il meglio. Nel qui e ora possiamo prepararci per fare tutto il possibile per costruire un futuro felice, allentando la presa su quello che non può essere né previsto né preparato.

A volte, quando sento una sfida alle "porte", pesco un pensiero da una scatola colorata che ho nel mio studio. Contiene affermazioni sul pensiero ottimista, ad esempio: "Io, Carmen, ho tutto quello che mi serve per essere felice qui e ora, tranne quando permetto alla mia parte ombra di essere dominata da un passato che è morto e da un futuro che è immaginario".

Nel tempo ho sviluppato la capacità di centrarmi, inspirando profondamente. Quando inspiro sento la calma entrare in me; espiro e diffondo la pace attorno. Andare via può voler dire tante cose... ad esempio partire per un viaggio, con la mente oppure con il corpo. Un mese prima della partenza, quasi tutti i giorni la parte ombra mi veniva a trovare, verso sera, e mi diceva:
"Tu vuoi partire? Non sei capace, ricordati i tuoi fallimenti ...". Sulla parola "fallimenti" la mia mente impaurita aveva preparato il piano B. Mi ero detta: "Senti, Carmen... e se tu veramente avessi timore di partire?

Quale bugia potresti raccontare agli altri, alla tua famiglia, agli amici?" *Non volevo credere alle mie orecchie*! Una vocina mi suggeriva di comprarmi il cibo e tutto ciò che poteva servire, per poi, il giorno della partenza, chiudere le serrande e restare a casa, cercando di fare tutto in silenzio per non far capire ai vicini di casa che in realtà non ero partita.

Nel frattempo, visto che mi ero iscritta al gruppo di Facebook "villaggio Bravo-Alimatha'" e che tutte le persone che erano in vacanza postavano quotidianamente delle foto, la mia vocina... mi aveva suggerito di salvarle per poi inviarle durante il periodo del "finto soggiorno".

Oggi mi viene da sorridere, e rifletto sulle parti di noi che possono remare contro, pur di non permetterci di cercare-scoprire-capire-meravigliarci. Anche una volta tornata, quest'esperienza non ha mai smesso di fortificarmi... Anche ora, mentre sto scrivendo, con la mente sono alle Maldive: i colori del mare e del cielo sono scolpiti nel mio cuore, e mi faranno compagnia per tutta la vita.

La parte luce ha preso il sopravvento e mi ha suggerito: "Tu prenderai il taxi, poi il pullman che ti porterà all'aeroporto di Malpensa... sarai circondata da tante persone che devono partire come te. Se non riuscissi a trovare la strada, potrai chiedere, non ti manca nulla". *Siamo completi, unici e irripetibili*. Il coraggio ha preso il sopravvento, e la paura ha dovuto rassegnarsi a prendere il volo per Torino. E uno step, *il più semplice ma il più importante, era ormai stato superato*.

Ognuno di noi ha un proprio percorso da compiere, chiamato "viaggio", di cui è protagonista, se ha il coraggio di guardarsi dentro, prendendo confidenza con ciò che vi trova all'interno: più creatività che razionalità, coltivando il mistero. Il mio viaggio è stato un'occasione per capire chi sono, soprattutto quando "sono caduta".

La caduta diventa indispensabile per imparare a non rimanere dentro il problema, le paure, ma ad affrontarli. Se consideriamo il viaggio come "dono", e con la fantasia diventiamo "viaggiatori dello spirito", cercando di andare al di là delle cose, potremmo imparare a non aver paura di conoscere qualche nostra fragilità. *E tu hai paura di vederti per quello che sei?*

Ci sono persone che danno importanza soprattutto alla parte fisica, all'immagine esteriore, al piacere dei sensi. Ci sono invece altri che favoriscono le emozioni, ricercandone le motivazioni. Quello che ho cercato di "fare" è ascoltare i miei bisogni, liberare la mia mente, il mio cuore, per poter accogliere me stessa e gli altri.

Nel viaggio interiore personale ho cercato di imparare a usare parole nuove, diventando più amorevole con me stessa. Ho provato ad accogliere anche le parti più critiche, ma fondamentali, per conoscere me stessa e rendere il mio viaggio armonico.

Nel libro "Di fronte alla vita", Valerio Albisetti afferma: "Occorre conoscere la notte per apprezzare il giorno; occorre saper stare soli per apprezzare la vita di coppia". Ho capito nel tempo il valore di accettare anche la parte ombra, dove albergano il giudizio, l'invidia, gelosia, i sensi di colpa: ecco che gli errori sono preziosi, diventano lezioni di vita.

Come ti senti in questo istante?
Ti sei perdonato/a?

Quante volte dovremmo perdonarci, usare il cuore, oltre che la parte razionale. Cadere per poi rialzarsi significa sapersi accettare e poi perdonare, e perdonarci, se occorre; questo vuol dire **riavvicinarsi con tutto ciò che scopriamo dentro di noi che ci rende unici e ir- ripetibili.**

Capitolo Due

MA CHI È CLEXIDRE...?

"Io mi ricordo che c'era una clessidra come questa in casa di mio padre... La sabbia scorreva attraverso un forellino così sottile che all'inizio sembrava che il livello della parte superiore non dovesse cambiare mai. Cominciavamo ad accorgerci che la sabbia scorreva via solo verso la fine... Ma prima di allora ci voleva così tanto che non valeva la pena di pensarci. Poi, all'ultimo momento, quando non c'era più tempo, ci si accorgeva che era troppo tardi per pensarci...*"

"Ogni occasione nuova è come una clessidra che fa scorrere speranze invece di sabbia, in direzione del futuro, con la consapevolezza che sei Tu in ogni istante a creare la tua vita con gratitudine**".

Da questo pensiero è nata l'idea di chiamare Clexidre una parte di me. Clexidre è il coraggio, la forza e la donna che non hanno paura del giudizio altrui, che provano e riescono a mettersi in gioco. Clexidre vuole affrontare le sfide, crescere, prendersi le sue responsabilità; anche sbagliare, se occorre, per poi imparare a rialzarsi. É stanca di criticarsi; ha scelto di prendersi cura di lei accettandosi. E poi c'è Carmen, l'altra sfumatura.

Ed è lì che risiedono la paura, l'insicurezza, la rabbia, la gioia, la compassione, il giudizio. *Ma Clexidre sei anche tu che leggi,* e che vorresti partire, e che ti senti solo/a e non sai più cosa fare, né come fare.

*Gustav von Aschenbach (Dirk Bogarde), in Luchino Visconti, Morte a Venezia, 1971.
**Tratto dal libro "Non possiamo leggere il futuro ma possiamo scriverlo" di Tiberio Faraci edizioni Trigono.

Prima mi domandavo: *"Ma Clexidre è nata da poco... oppure c'era già, ma non le avevo mai dato spazio?"*. Clexidre è quella parte di noi che ci farebbe danzare con la vita, che s'impegnerebbe ogni giorno con noi e più di noi, che ci vorrebbe aiutare, che ci vuole aiutare, che desidera comprendere le persone, tutte e tutti, ma che fa i conti con il tempo, con i suoi doveri e i nostri e con le nostre scelte, e solo dopo sceglie e gioca le sue carte. Per me, e per lei, diventare capaci di aiutare gli altri significava apprendere ad aiutare prima noi stesse.

Carmen, occupandosi di sé, curando il suo corpo e il suo spirito, o ciò che potremmo chiamare la sua *"casetta interiore"*, proteggeva quella che era una zona protetta, intima, intoccabile e inscalfibile dagli eventi e dagli altri, da tutti coloro che non erano mai stati invitati alle feste che non organizzava.

Clexidre, occupandosi di sé, poteva spaziare in mondi invisibili che non erano percepibili dagli altri.

Quando ci sentiamo compresi, accettati e liberi di poter lasciare lo stato di difesa/attacco con cui convivevamo, in quel momento in cui non ci sentiamo più soli... avvertiamo anche la necessità di poterci affidare a un abbraccio che ci accolga, che potrebbe anche essere semplicemente il nostro o quello di qualcuno che neppure conosciamo.

Quanto sarebbe bello poterci affidare al prossimo, e poterci fidare del prossimo! In qualunque momento della vita, potrebbe esserti capitato di provare un senso di appartenenza, di unità, di pace e di completezza con il Tutto, ad esempio mentre ti sentivi la persona più amata al mondo, e magari invece eri sola, e non lo sapevi ancora.

Una sera al tramonto del sole, o mentre meditavi... e in quei momenti è stato come ricongiungersi a Dio (che potrebbe essere qualsiasi cosa che intendiamo come Essenza Superiore). La fiducia negli eventi è l'esperienza che proviamo in quel momento e che ci completa.

Carmen e Clexidre insieme danno la completezza di loro. Clexidre è bella, è un angelo, una donna completa: è la "Madre", "l'Incantatrice" e la "Strega". Unitamente a Carmen è "Veggente" e "Guaritrice". *Insieme, ricordano a chi le guarda che non c'è bisogno di qualcuno che ti autorizzi a sentirti speciale e unica*; e in quei momenti insieme soffrono, provando dispiacere nell'incontrare donne che si sentono complete solo qualora fosse un uomo ad autorizzarle, attraverso il suo desiderio o altro.

Ricordate quel concetto che avrete sentito tante volte che, nelle nostre lotte interiori, tra i due metaforici lupi vincerà quello a cui daremo da mangiare? Clexidre e Carmen vincono all'unisono nelle lotte, perché si sono accorte di essere l'una parte dell'altra.

Da quanto tempo vi accontentate di osservare ciò che manca in voi senza tenerne conto? Da quanto tempo non credete alla voce interiore che vi dice: "Noi Siamo?" Perché Tu Sei! Perché noi siamo! Per quanto tempo ancora non vuoi prendere la consapevolezza della meraviglia che sei?

In una favola di Licia Calderaro si racconta che, in un paesino innevato, c'era un imponente campanile. Su questo campanile vi era posto un grandissimo orologio, il quale segnava le ore, i minuti e i secondi. L'orologio era ben consapevole della sua funzione e sapeva che, senza il movimento delle sue enormi lancette nere, gli abitanti del villaggio non sarebbero mai stati capaci a regolare il trascorrere delle giornate.

Questa sua consapevolezza lo rendeva cinico, orgoglioso e superbo, fino a quando un violentissimo temporale non si abbatté sul paese. Tutti quanti si barricarono in casa; ma l'orologio, essendo impossibilitato a muoversi dal campanile, fu costretto a rimanere per ore sotto la pioggia copiosa. Non fu nemmeno risparmiato dai fulmini e dai tuoni. Quando finalmente le nuvole minacciose si diradarono, il povero orologio si accorse che qualcosa era effettivamente andata storta. Le lancette gli si erano bloccate, restando ferme e immobili sul quadrante.

Il maltempo gli aveva rovinato il meccanismo e la sua utilità era andata in fumo. "Adesso chi segnerà le ore fin quando qualcuno non mi verrà a riparare?" Mentre piangeva sconsolato, l'orologio vide una bambina (che abitava nella casa di fronte) appoggiare uno strano e piccolo oggetto sul davanzale della sua finestra. Era costituito da due recipienti di forma conica, collegati tra loro, e nel mezzo scorreva della sabbia. La cosa buffa era che, quando un cono si era riempito, la bambina lo capovolgeva e lasciava che la sabbia riprendesse il suo gioco all'interno dello strumento.

L'orologio tese le orecchie e udì il nome con cui quella cosa, che assomigliava tanto alle forme di una donna, veniva comunemente chiamata: Clessidra.

Venne inoltre a conoscenza che era utilizzata sin dall'antichità per misurare lo scorrere del tempo. Immediatamente, l'orologio abbandonò la sua superbia. Se un oggetto così piccolo era in grado di svolgere il suo stesso lavoro, non c'era bisogno né di disperarsi né di fare lo sbruffone. In cuor suo, ringraziò la clessidra per avergli aperto gli occhi. E, per merito della sua sostituta, si sarebbe goduto un lungo riposo fino all'arrivo del tecnico-orologiaio, perché aveva appreso con umiltà che nessuno è insostituibile.

Neanche le persone sono insostituibili, ed è un illusione pensare che invece noi lo siamo; ed è un'illusione sabotatoria pensare che le persone che escono dalla nostra vita, in quanto non ci vogliono più, lo siano.

Il Dottor Andrea Vannini, Neuropsichiatra, ha molto da insegnarci su questo punto. Ha prestato la propria opera professionale per molti anni, acquisendo particolare competenza nell'Unità di Cura del Disturbo Ossessivo Compulsivo. È medico nei Servizi di Salute Mentale dell'Azienda Sanitaria di Firenze, ed è attualmente impegnato anche nell'area dei Disturbi della Spettro Autistico. Opera come consulente neuropsichiatra presso l'istituto IPSICO* di Firenze. Lui ci spiega che soffrire per amore è doloroso (quanto inutile). Quando finisce una storia si vive spesso un trauma, ma occorre davvero rinunciare all'amore per non soffrire?

"Rifiutarsi di amare per paura di soffrire è come rifiutarsi di vivere per paura di morire": così cantava Jim Morrison in una vecchia canzone.

Eppure la disconnessione interiore è un meccanismo che molte persone mettono in pratica. Significa scegliere di non provare nessun sentimento per paura di soffrire. Significa "raffreddare" il cuore per proteggere l'anima da eventuali fallimenti, delusioni o ferite che non guariscono. Questa strategia, in realtà, allontana da una partecipazione sana alla vita. Vannini ci aiuta ad analizzare per un momento lo scopo delle emozioni che proviamo.

Ogni volta che si attivano nel cervello, scatenano una reazione in tutto il nostro essere.

*https://www.ipsico.it/news/non-amare-per-paura-di-soffrire-sindrome-da-disconnessione-interiore/.

L'entusiasmo o la passione ci immergono in dinamiche che ci fanno sentire più energici e creativi che mai. Il dispiacere, invece, ci allontana da qualcosa o qualcuno; ma chi pensa che le emozioni "negative" non abbiano uno scopo, o servano soltanto a renderci infelici, si sbaglia. In realtà, sono proprio queste emozioni che hanno permesso a noi esseri umani di imparare, adattarci e andare avanti nel corso della nostra evoluzione e ciclo vitale.

L'ansia e la paura sono meccanismi di sopravvivenza, segnali di allarme, che dobbiamo saper interpretare per poterli tradurre in risposte di adattamento che garantiscano la nostra integrità. Quando trascuriamo le nostre emozioni, avviene una sorta di disconnessione interiore.

L'uomo moderno si trova a contatto con diversi tipi di paure. Esse spaziano da quelle suscitate da minacce esterne e pericoli fisici concreti, fino ai timori che nascono dall'interno, i demoni personali che ci paralizzano, che ci tolgono l'aria e che, senza dubbio, hanno diverse cause.

Data la nostra difficoltà nel gestire queste paure, talvolta optiamo per la sindrome da disconnessione interiore, utilizzata come meccanismo di difesa. Questo dovrebbe metterci al riparo dall'esposizione a emozioni che ci appaiono troppo forti per essere gestite, e verso le quali ci sentiamo a rischio di esserne travolti.

Immaginiamo per un momento una persona qualsiasi, un giovane che abbia alle spalle un passato affettivo ricco di fallimenti. Il suo livello di delusione è talmente profondo che il ragazzo ha cominciato una nuova fase della sua vita: riduce al minimo il suo impegno emotivo, perché non vuole soffrire ancora, né provare altre delusioni o disinganni.

I suoi meccanismi di difesa per raggiungere questi obiettivi sono ormai affinati: ha iniziato una complessa dissociazione tra pensieri ed emozioni, al punto di "intellettualizzare" qualunque cosa. In tal modo, protegge il suo isolamento emotivo in qualsiasi momento.

Fa ragionamenti del tipo: "Sono felice da solo; penso che l'amore sia una perdita di tempo e che intralci il mio futuro professionale".

Queste sono le premesse che permettono lo sviluppo della sindrome da disconnessione interiore. Tuttavia, e qui arriva il dato interessante, oltre ad innalzare una barriera per evitare di partecipare attivamente alla vita, si rischia di affondare nello stesso vuoto emotivo da cui vogliamo proteggerci.

Quali sono gli effetti della disconnessione emotiva? Chiudere le porte alle passioni implica spesso che tale schema di comportamento venga applicato a tutti gli ambiti della vita, perché la persona che la prova smette di registrare dentro di sé tutte le emozioni.

Con il tempo, il rischio è che emergano apatia, disinteresse, inaridimento emotivo, malumore, tendenza alla chiusura in se stessi, rimuginio, insonnia. Vivere in connessione con le proprie emozioni è un salvavita quotidiano.

Eckhart Tolle diceva: "Se non avessi sofferto come hai sofferto, non avresti la profondità, l'umiltà e la compassione dell'essere umano". Scegliere di non provare nulla per non soffrire non ha senso. Non ha senso perché l'essere umano non è un'entità razionale, né una macchina.

Ognuno di noi è ricco di emozioni, che fungono da guida e consentono di entrare in connessione con gli altri, di imparare a rialzarsi dopo una caduta, di piangere per ogni dolore, di ridere dalla felicità, e andare di avanti a testa alta dopo aver superato certi pericoli che hanno, ad ogni modo, rappresentato un momento di consapevolezza.

L'essere umano è progettato per agire, non per rimanere fermo e isolato nell'insoddisfazione. Quando il nostro equilibrio interiore viene in qualche modo turbato, una buona idea è raccogliere le energie, essere creativi e coraggiosi. Ed è così che possiamo raggiungere la pienezza emotiva, o quel punto perfetto dove non manca nulla e niente fa male. Concediamoci di provare di nuovo le emozioni, per entrare in connessione prima con noi stessi e per "rischiare", poi, di stabilire un contatto con chi ci sta attorno. Alla fine, il nostro cervello è una meravigliosa entità sociale ed emotiva che ha bisogno degli altri per stare bene, per stare in pace e in un equilibrio che si rivela essere necessario. Quindi, prendiamoci cura delle nostre emozioni.

Possiamo imparare a "guardare il mondo", prendendo le distanze da pensieri legati al nostro passato che, involontariamente, influenzano il nostro futuro.

Quante volte abbiamo pensato che la rabbia si attivi quando veniamo attaccati? Fa parte del nostro sistema di idee giustificare la reazione o il contrattacco. Possiamo allora cambiare le nostre risposte comportamentali, guardando le cose da un'altra prospettiva!

Occorre lasciar andare il dolore, la rabbia e il passato, con tutte le sue conseguenze, mantenute nel presente. *Nel tempo ho imparato ad ascoltarmi, e a prendere delle decisioni importanti, guardando gli altri con gli occhi dell'amore al posto della paura.* Come ha scritto Gerald Jampolsky nel libro "Amare è lasciare andare la paura": "Oggi, ogni volta che ti sentirai tentato di guardare con gli occhi della paura, ripeti con determinazione: Non sono un robot. Sono libero/a. Sono deciso/a a vedere le cose diversamente"…

Capitolo Tre

QUANDO CHI VA VIA È
LA PARTE DI TE CHE CERCA…

"Potresti venire con me, sai?"
"Non puoi immaginare quante volte ho sognato
che mi dicessi questo… Ma devo andare!"

Il simbolismo del viaggio è rappresentato nel significato stesso del linguaggio metaforico. Il termine "metafora" deriva dal greco *metaphorein*, "trasferire", e incredibilmente significa sostituire un termine con un altro. Viaggi anche se cambi una parola. Si ha una metafora quando si parla di un oggetto nominandone un altro che ha in comune con il primo la caratteristica che si vuole evidenziare. *E già questo è un viaggio.*

Secondo Consuelo C.Casula, che è specialista sia in psicologia del lavoro che in psicoterapia ipnotica, quindi un'esperta in viaggi, viaggiare è un'esperienza che ci porta a vedere e conoscere il mondo reale, e a cui sono stati attribuiti, nel corso del tempo, innumerevoli significati (come quando ami il tuo lavoro); ma in tutti i tempi, e anche oggi, il viaggio viene vissuto e interpretato in modi completamente diversi.

Quali sono i principali significati del viaggio? La propensione a viaggiare è una tendenza caratteristica dell'uomo fin dalla sua comparsa sulla terra. È uno strumento di comunicazione dell'uomo che cerca di arrivare nel profondo utilizzando l'intuizione.

*Cara Delevingne - Margo Spiegelma Nat Wolff -Quentin Jacobsen.

La metafora è uno stimolo per chi la legge, o la ascolta, oppure la crea, e si ritrova a utilizzare parti nascoste di se stesso/a che lo rendono più libero di uscire dal ruolo statico vissuto quotidianamente.

La scrittura metaforica è l'utilizzo di simboli e immagini per descrivere smuovendo. La metafora, infatti, trasforma il significato in senso, ponendo l'attenzione sul come si manifestano le cose e modificando lo stato d'animo di chi le coglie.

Quindi... la scrittura ti permette di viaggiare. *Carmen e Clexidre sono andate alle Maldive per scrivere questo libro per Te.* Il linguaggio metaforico ha il potere di sradicare il pensiero: da una posizione descrittiva degli eventi ci si sposta a una posizione esperienziale, che coinvolge i sensi e le emozioni.

Utilizzare il linguaggio metaforico significa viaggiare, creare, comprendere più a fondo se stessi e le proprie possibilità espressive, riprogettandosi, grazie alla parola, al linguaggio.

La scoperta del proprio posto nell'ordine naturale delle cose può così manifestarsi anche grazie a una metafora, o attraverso le parole che rinviano ad altro rispetto al loro diretto significato.

Abbiamo detto che sostituire un termine simile a un altro è viaggiare. Provate ora a fare un viaggio con me...

Per molte donne, e anche per molti uomini, pensare alla parola "perdono" lascia agitare dentro di loro un movimento composto di tante emozioni. Invece, se noi dicessimo loro: "Ti piacerebbe poter lasciare andare quello che non ha funzionato fin qui?" tutti/e loro sorriderebbero, e risponderebbero "Oh, sì!".

Ecco, sì è compiuto un viaggio meraviglioso, qualcosa che viene presentata come difficile talvolta anche dai miei colleghi, che in una velocissima azione collega eventi distantissimi tra loro attraverso il miracolo della facilità. Quasi tutti, invece, sembrano preferire restare in grovigli di ripicche e rancori piuttosto che mollare la presa del dolore subìto.

A volte si dicono: "Sei grande, hai saputo perdonare". Altre volte può darsi che non ce l'abbiano fatta a farsi scivolare le cose da dosso, e magari sussurrano, mentre sembrano pregare: "*Sono delusa, deluso dal mondo intero perché sembra che ce l'abbia con me e con ognuno dei miei tentativi di ritagliarmi degli spazi miei*".

Oppure, come una mia cliente che mi ha riportato le sue parole, gridano: "Sono arrabbiata con te, mamma, con la tua gelosia e con il controllo esercitato soprattutto su di me, perché non mi hai permesso di prendere da sola neanche un caffè con il mio papà, per paura che io rovinassi l'equilibrio familiare. Anzi... hai fatto di più!

Non hai avuto il coraggio di chiedermi una cosa senza senso, e allora ti sei servita di un figlio per chiedermi cortesemente di vivere quel momento tutti insieme, e non da sola con mio padre. Hai detto che avrei dovuto capire, visto che avevo fatto altri errori gravi, tipo non schierarmi sempre dalla tua parte. Nel tempo anch'io ero cambiata, e volevo mettere pace facendo in modo che tutti, nella nostra famiglia, potessero riconoscere le proprie responsabilità. Questo, invece, da noi non era contemplato".

Clexidre oggi è una donna che ha una spiccata sensibilità e accoglienza verso le mamme. Lei sa che nessuna mamma farebbe del male al proprio figlio; e se accade il contrario, e purtroppo sappiamo che talvolta succede, è semplicemente a causa di una mancanza di consapevolezza.

Un mese prima che il mio papà volasse, una domenica pomeriggio io e lui stavamo giocando a carte in cucina. A un certo punto la mamma si mise a farci delle foto e poi, guardandomi rattristata, si commosse. Le chiesi: "Mamma, cosa c'è che non va?" (dentro di me sapevo cosa voleva dirmi). Lei piangeva e mi chiese perdono per non avermi fatto trascorrere del tempo con mio papà, per tutti i "caffè mancati". L'abbracciai e le dissi: "Quel tempo non si può recuperare, ma sono contenta che tu abbia capito".

Sul tema di come poter migliorare la situazione del rapporto tra padre e figli, e sull'importanza del ruolo della madre per riuscire a mediare in quel tipo di relazione, Giovanni Moretti, psichiatra, psicoterapeuta nella mia Torino, dice che parlare oggi, in un'epoca post patriarcale, pare assai difficile, in termini di specifica definizione: i caratteri che prima sembravano inderogabilmente essere propri della figura paterna, oggi si possono più precisamente descrivere come quelli di una "funzione paterna".

La figura della madre diventa quindi indispensabile, sia in assenza della figura paterna che in sua presenza: si tratta di un vero e proprio traduttore degli input che vengono dati e che arrivano dal figlio. **La madre tende a vedere la situazione nella sua interezza: per questo è essenziale il suo ruolo nella sana relazione tra padre e figlio**. In veste di "arbitro", la mamma va spesso a indicare la miglior maniera per esprimere, da ambo le parti, la sfera comunicativa ed emotiva.

Degli esempi per riportare il sano equilibrio possono essere il creare delle occasioni "uno a uno" tra padre e figlio, far loro notare le somiglianze e gli interessi in comune e, qualora la situazione lo richieda (come in un'accesa discussione), fungere da "tampone" per evitare il "punto di non ritorno" tra i due. Sopra ogni cosa, è indispensabile far comprendere a entrambi che è importante arrivare all'empatia verso l'altro.

C'è dell'altro... è fondamentale rassicurare tutti e due sia della propria unicità che della propria fallibilità: insomma, è umano sbagliare, si possono avere alti e bassi e ci si può scontrare. Basta che rimanga l'amore... quell'amore naturale e semplice che lega solo un figlio al proprio genitore! Un padre è sempre grande per una bambina piccola, non importa se picchia sua mamma; lo incontro negli occhi azzurri delle persone, lo incontro nel comunicare con qualcuno che subisce il controllo geloso di chi lo accompagna.

Quando mi alleno al mattino per il lavoro muscolare, poiché lui, mio padre, era un "Rocky", un pugile, e guardando la sua foto lo ringrazio, dicendogli che il suo esempio di volontà è stato la più grande eredità lasciata. Per ciò ho scelto di portarlo alle Maldive in viaggio con me, con noi. E deriva da questo la mia esigenza di voler riprendere il discorso con lui, con me e con Clexidre.

E allora andiamo in viaggio ora papà, anche se gli altri possono pensare che non ci sei più... E invece noi lo sappiamo che ci sei: lo sappiamo io, te e Clexidre. E proprio noi andiamo in viaggio, e che ci importa se *chi non vede bene crede che ci sia solo una bella donna sola quando mi guarda?* Esistono numerose leggende riguardanti il tema del viaggio, tramandate, nella maggior parte dei casi*, attraverso la letteratura o la religione. Indubbiamente le più famose sono quelle relative alla mitologia greca, la quale offre molti spunti su alcune delle caratteristiche principali del viaggio e del viaggiatore. Potremmo fare un primo riferimento al mito di Dedalo e di Icaro.

*Courtesy Of Unsplash - Michał Parzuchowski.

Anche in quel caso, la morale è incentrata sul volo di padre e figlio. Il mito di Dedalo e Icaro è un esempio dei pericoli che un viaggio possa comportare, e la morale di questa leggenda è l'importanza di seguire la "giusta rotta" per qualsiasi tipo di viaggio, naturalmente senza eccedere.

Viaggiare è un modo di cambiare; è una trasformazione che avviene attraverso la visione di nuovi luoghi e il contatto con persone e culture diverse**. Può essere un modo per migliorare la propria esistenza e posizione sociale; a volte è una fuga, o la ricerca della libertà. Il fascino che da sempre questo tema ha avuto consiste anche nella capacità che esso possiede di rispecchiare la vita dell'uomo.

Vita e viaggio, infatti, sono forme di movimento che contengono il desiderio di cambiamento. Il significato del viaggio è soprattutto nel suo percorso, poiché è lì che ha una funzione formativa. Nella letteratura ricorre, ad esempio, l'idea che quest'ultimo abbia la capacità di ampliare le conoscenze del viaggiatore, contribuendo alla sua apertura mentale e migliorando la sua intelligenza. Il tema del viaggio, poi, viene filtrato a seconda della valenza dei nostri bisogni e delle nostre aspettative (mutevoli), sempre presenti anche quando sono ben nascoste.

Valentina Gerini, scrittrice e operatrice turistica, ci parla di come sono cambiati i luoghi da cui partiamo; e chi meglio di lei può accorgersi di quanto possa essere cambiato un aeroporto? É passato da essere una sorta di "non-luogo" a divenire addirittura un caotico crocevia di storie e di emozioni, e oggi per questo è considerato da lei un vero e proprio «insieme di sentimenti».

*https://www.officinafilosofica.it/blog/viaggio-come-metafora-della-vita/.
**http://hot-181076.blogspot.com/2012/04/leggende-mitologie.html.

Chi ha visto Love Actually sa di cosa stiamo parlando: c'è chi va e chi viene, chi parte e chi resta, chi si dice addio per sempre e chi solo un arrivederci, chi è lì per lavorare e chi invece è lì per attendere l'arrivo di qualcuno. L'aeroporto è un luogo speciale che, negli ultimi tempi, è diventato sempre più frequentato. Infiniti motivi, in un vortice di cerchi, ci risucchiano in quelle code davanti alle dogane dell'imbarco: viaggi di lavoro e di piacere, giri del mondo, vacanze, transiti, spostamenti.

Vivere in un aeroporto per una settimana, e raccontare ciò che si vede e si percepisce, è quello che è avvenuto nell'esperimento antropologico di Alain de Botton a "Hello Goodbye", il programma TV di Pablo Trincia.

Così, armato di una scrivania in mezzo all'atrio delle partenze e di tanta curiosità, Alain descrisse tutto ciò che vide in quei sette giorni. Chiacchierò con chiunque: sia con chi in aeroporto ci lavorava, sia con chi era di passaggio. Nacque in questo modo una vera e propria riflessione antropologica. Dalla quarta di copertina si legge: "Lo scrittore trasforma i suoi block-notes in racconti e in riflessioni sui meandri della psiche umana, sulle affascinanti contraddizioni del mondo moderno e sul viaggio come possibilità di apportare cambiamenti duraturi nelle nostre esistenze. In questo luogo di transito, dove si fanno incontri interessanti e, a volte, significativi, si conoscono storie incredibili e persone meravigliose".

E a noi questo posto magico, che ci portava via, e nello stesso tempo al centro di noi e delle nostre paure e desideri, regalava un enorme specchio in cui vedere i labirinti del passato con mio padre, del presente con me Carmen e del futuro con Clexidre.

L'esploratore è un mestiere. Pensando a questo ruolo, ho scelto di viaggiare dentro di me per mettermi in contatto anche con la mia interiorità, sperimentare i miei limiti portandoli alla luce, e diventare grata per quello che possono avermi insegnato; ad esempio, ritagliarsi nell'arco della giornata qualche minuto fatto di silenzi, di ascolto di ciò che mi circonda.

Daniel Lumera è considerato un esperto nella pratica della meditazione. Qualche anno fa ho partecipato a un seminario residenziale, da lui condotto, che trattava l'argomento della meditazione: ho incontrato parecchie difficoltà a sostare dentro di me, cercando di far tacere contemporaneamente la mente che, come un treno, faceva scorrere dentro di me tutte le immagini del mio passato, e tutto quello che mi allontanava dal "qui e ora". Ciò mi emozionava. Intorno a me invece, ero in ammirazione. Osservavo il gruppo: tutti erano centrati, respiravano e avevano gli occhi chiusi, guidati da Daniel che conduceva la meditazione visualizzata.

Ricordo che ero demoralizzata. Il giudizio aveva assunto il potere: forse ero nella pretesa di riuscire in un'impresa che richiede molto allenamento, anche solo per cinque minuti al giorno, dedicati però alla nostra "casetta interiore". Quante volte ci siamo promessi che ci saremmo impegnati in questa meravigliosa pratica? Prova a interrompere questa lettura per qualche minuto, e ascolta il tuo silenzio... magari la vocina non ti ha abbandonato, ma non importa, ci hai provato.

Nel periodo che abbiamo vissuto il lockdown non eravamo preparati a "fermarci": per ciascuno di noi è stata una sfida, e così ci siamo fatti delle domande, alle quali non sempre c'era una risposta. È in quel periodo che mi sono chiesta: "Dove sono? Dove voglio andare?"

Per un'imbarcazione, il punto dove essa si trova è chiamato *punto nave*, un po' come le coordinate nel gioco della battaglia navale ☺. In quella sosta ho capito il valore delle relazioni, l'importanza del mio lavoro a scuola con i bambini, i sorrisi, gli abbracci, anche il poter scambiare due parole con le colleghe.

Considerata la situazione, mi sono chiesta cosa potevo fare di speciale per me, e ho cominciato a studiare un po' di più; allo stesso tempo, attraverso la tecnologia, ho potuto incontrare i bambini e i loro genitori, parlare con loro. Ascoltare i bambini, entrare insieme di nuovo nel loro mondo di fantasia mi ha permesso di prendere contatto con il mio bimbo interiore, e la tristezza ha lasciato il posto alla gioia; in fondo non ero sola... Ho anche sperimentato la possibilità di lavorare come counselor attraverso le video telefonate. *In qualche modo eravamo ancora tutti interconnessi.*

Capitolo Quattro

AMARE I BAMBINI
E AGGIUSTARE GLI ADULTI…

"Nel frattempo disse Abrenuncio "suonatele musica, riempi-
te la casa di fiori, fate cantare gli uccelli, portatela a vedere
i tramonti sul mare, datele tutto quanto può farla felice".
Si congedò con uno svolazzo del cappello per aria
e la sentenza latina di rigore.
Ma questa volta la tradusse in onore del marchese:
"Non c'è medicina che guarisca quello che
non guarisce la felicità*".

Sono entrata nelle scuole a vent'anni, insieme ai bambini e alle insegnanti conosciute durante il percorso; sono cresciuta con loro. All'inizio della mia attività, mi veniva spontaneo "giudicare "i genitori dei bambini: ogni occasione era buona per esprimere una "critica".

La lettura mi ha poi aiutata a consapevolizzare un pensiero importante: "Avrei dovuto dapprima imparare ad amare me stessa, per insegnare di conseguenza ai bambini e ai ragazzi ad amarsi e accettarsi". "I bambini imparano quello che vivono" è il titolo di un libro scritto da Dorothy Lav Nolte. All'interno è contenuta molta poesia ricca di saggezza. Il tempo mi ha aiutato a capire che i genitori sono amorevoli con i propri figli, e fanno tutto quello che possono.

Nessun genitore vorrebbe ferire il suo bambino, ma non è certo escluso che non lo faccia, nei vari possibili infiniti modi a sua disposizione.

*Gabriel García Márquez.

Anche se spesso è solo perché il genitore manca di autostima, o teme di poter trasmettere ai figli le sue opinioni limitate e i suoi problemi emozionali, passaggi che purtroppo spesso avvengono. L'autrice ci insegna come essere meno critici e più tolleranti, meno sprezzanti e più incoraggianti.

Nel corso degli anni ho condiviso qualche spunto di questa forma di poeticità con i genitori dei bimbi. Il messaggio è che i figli imparano dai genitori in ogni momento; i bimbi osservano quello che li vedono fare, quindi *i genitori sono i principali modelli di comportamento.* Loro possono impegnarsi a insegnare alcuni valori teorici, pretendere che certe regole siano applicate e rispettate, ma i bambini assorbiranno quello che viene trasmesso dal comportamento quotidiano. Se i bambini convivono con le loro critiche continue, impareranno a condannare. Un atteggiamento critico può essere trasmesso in molti modi: parole, tono di voce o persino un silenzio può, nella mia esperienza, farci sentire disapprovati.

Vorrei condividere con voi un lontano ricordo. Nel periodo dell'adolescenza, avevo delle difficoltà legate al metodo di studio che, unite all'ansia, non mi aiutavano. Purtroppo solo oggi, con serenità, riconosco che i miei genitori hanno fatto tutto quello che potevano verso di me; ma a volte, nell'esprimere il loro pensiero, mi hanno fatto sentire inadeguata e in prossimità del fallimento.

Probabilmente sappiamo tutti che la stanchezza e lo stress non possono aiutare a migliorare il modo con cui comunichiamo noi adulti. Quindi, anche solo una critica costruttiva può essere spesso percepita come un attacco personale.

Unicamente il tempo e il lavoro sulla mia persona mi hanno portata a costruirmi un'auto-immagine positiva di me, capace di raggiungere gli obiettivi in cui credevo. *La lamentela, come il rimprovero, è un modo inefficace per ottenere dei cambiamenti.* Se proviamo a incoraggiare i nostri bambini, trasmettiamo coraggio dal nostro cuore al loro.

È nostro compito aiutare i bambini e i ragazzi e sostenerli, mentre sviluppano le capacità e le sicurezze necessarie per camminare con le proprie gambe. I nostri bambini hanno un estremo bisogno che li aiutiamo ad andare avanti, e allo stesso tempo che siamo presenti quando magari "ruzzolano" indietro.

Vogliamo che i nostri bimbi diventino maturi, e imparino a trovare in se stessi la sicurezza e le risorse di cui hanno bisogno con l'accrescere della loro indipendenza, oppure che siano fragili e insicuri, pronti a piegarsi come canne dipendenti nella direzione del vento che ulula apparentemente spietato?

Vorrei soffermarmi sul significato della parola "accettare". Accettare incondizionatamente insegna ad amare. *Dovremmo far capire ai figli che essere bravi, o aderire alle nostre richieste, non è un requisito necessario e imprescindibile per essere amati.* I bambini che si sentono sicuri del fatto di essere accettati hanno la forza interiore necessaria per perseguire i loro obiettivi e concedersi agli altri.

I bambini che sono circondati dal calore e dalle premure, dalla disponibilità e dall'amore di cui hanno bisogno, imparano ad amarsi. Quando i bambini vengono al mondo, la prima relazione è con la famiglia di provenienza. La vita quotidiana in famiglia crea i modelli che i figli, una volta cresciuti, molto probabilmente riproporranno a casa loro.

Un primo obiettivo potrebbe essere quello di sviluppare con loro dei rapporti affettivi importanti, riconoscendo le loro capacità e quindi rassicurandoli sulle stesse. Questo permetterà loro non solo di sopravvivere in età adulta, ma di emergere e vincere ogni volta possibile, e anche di avere una buona autostima. Tutti noi adulti vorremmo che i nostri figli, o i figli dei nostri figli se siamo nonni, crescano con una mentalità ottimista che li aiuterà a trovare il loro posto nel mondo. *Spesso, però, abbiamo insegnato loro più disapprovazioni che conferme.*

Questo è un problema enorme, poiché tali disfunzioni sono poi complicate da risolvere, una volta che i pensieri d'inadeguatezza saranno confermati da decine e decine di situazioni, dove chi si sente inadatto sarà rifiutato, e chi si sente sbagliato sbaglierà. Io sono una privilegiata, poiché ho modo di lavorare con i bimbi della scuola infanzia, che sono la speranza del pianeta, in un momento in cui escono dalla famiglia e, per la prima volta, si confrontano con il mondo esterno.

E poi, come Coach e come Counselor, ho la possibilità di pormi davanti a loro e ai loro genitori in un modo adatto e presente, ma naturalmente anche con chiunque altro, intorno a loro e a me, abbia bisogno di riuscire a risolvere una difficoltà, ovviamente non di origine patologica, poiché per questo ci sono i medici.

Adoro sostenere adulti che vogliono migliorare la loro situazione, che vogliono cambiare qualcosa o raggiungere dei risultati e che prima sfuggivano, poiché questo trasformerà in positivo anche i loro figli e la loro situazione; e questo è un modo concreto per contribuire a un mondo migliore. Sì, sono una privilegiata, ma i privilegi occorre saperli costruire, e anche far crescere e alimentare, studiando, impegnandosi e credendoci.

Riguardo ai piccoli, occorre ovviamente considerare di quanto la struttura della famiglia nel tempo sia cambiata: molti vengono allevati da genitori single, altri da nonni o parenti, da due madri o due padri. L'aspetto più importante è sicuramente quello che possano essere benvoluti, e non è purtroppo automatico.

Pensando a noi adulti, che non possiamo sempre soddisfare le esigenze dei nostri bambini, occorrerebbe in alcune circostanze creare delle reti, affinché i piccoli possano beneficiare dell'intervento di parenti o amici, i quali avrebbero l'opportunità di aggiungere il proprio prezioso contributo al bagaglio educativo dei bimbi.

Sarebbe qualcosa di somigliante al funzionamento delle famiglie arcaiche di un tempo, o ciò che di virtuoso accadeva nei piccoli Paesi isolati, dove la solidarietà faceva sì che chi aveva meno ricevesse da chi aveva di più, senza neppure bisogno di chiedere. A volte non ci soffermiamo abbastanza sulla qualità del tempo. Ad esempio, sarebbe sicuramente fantastico che tutti i bambini potessero essere circondati dell'amore e della saggezza dei nonni. Spesso i nonni riescono a dare ai nipoti ciò che non hanno potuto/saputo dare ai figli, perché si sentono in colpa di non aver dedicato loro abbastanza tempo.

Questo ruolo è un'occasione per riscattarsi, e aiutare in vari modi i nostri figli e i loro bambini. Ogni giorno facciamo ciò che è in nostro potere per garantire che i bambini abbiano un futuro in cui, gradualmente, scompariranno la paura, il pregiudizio e l'intolleranza.

E se chi li ha educati non ha saputo/potuto dare il meglio di sé, la crescita personale serve anche a questo: a dare di nuovo a qualcuno la possibilità di livellare al meglio, e far crescere, quelle parti di loro che erano restate non all'altezza di ciò che avrebbero potuto diventare.

Ognuno di noi sa di aver commesso qualche errore. E sa inoltre che alcuni di questi sbagli hanno complicato le cose a noi per primi, mentre altri sono stati fondamentali per crescere, per capire meglio noi stessi e altri, per evolvere. Si può dire che, senza alcuni errori, non ci saremmo mossi di un passo nello sviluppo della personalità.

Però, nonostante tutto, i rimpianti per non aver fatto la cosa giusta, o per non aver agito in un certo modo, magari anche tanto tempo fa, potrebbero diventare spiacevoli compagni di viaggio. Lo diventano, in particolare e sicuramente, in alcuni momenti molto negativi, di scoramento. Poi la consapevolezza torna, e così si affrontano le situazioni senza questo fardello del passato, e senza che quanto accaduto faccia particolari danni.

I rimpianti, invece, generano falsi ricordi. I rimpianti occasionali sono così: un riportare alla mente un inutile ricordo distorto e dannoso, ingigantendo un errore reale. Esiste anche una categoria molto più pericolosa: i falsi rimpianti, specie quando costituiscono il modo principale di rileggere la propria storia in maniera vittimistica. "Se soltanto avessi fatto in quel modo; se soltanto fossi stato più attento, più sollecito; se soltanto avessi capito che quella era una grande occasione; se soltanto avessi detto quelle parole, se fossi intervenuto, se la sorte mi avesse aiutato, bastava un niente per, ero ad un passo dal...". Tutti questi presunti fatti del passato sono esageratamente ingigantiti.

Chi è vittima del "se avessi", in realtà trasforma eventi del tutto normali in momenti cruciali in cui si sarebbe giocato il suo destino, percepito come negativo o incompleto.

Ne ha per tutti: storie d'amore, lavoro, salute, singoli episodi. Qual è il vero scopo di questi rimpianti? Giustificare i problemi del presente. *Il passato non va reinventato.* La vita, per chi ragiona così, smette di scorrere; altro che crescita ed evoluzione! Siamo ben lontani dallo stare nel presente. Siamo immersi in un passato immaginario e in un destino alternativo e idealizzato, fatto di occasioni perse per sempre: quella relazione finita sarebbe stata "quella giusta", quell'occasione di lavoro mancata avrebbe portato sicuramente al successo.

Fatalismo, dubbi continui, fantasmi di fallimento, sommati tra loro, "gonfiano" i rimpianti e fanno fare scelte sbagliate. Se si vuole uscire da questo vicolo cieco di false interpretazioni, bisogna cambiare mentalità con rapidità e fermezza. La soluzione? Prendersi la responsabilità.

La prima cosa da fare è comprendere che non esiste un passato alternativo che avrebbe potuto portare a un presente migliore. Certo, momenti in cui svoltare da una parte o dall'altra ci sono stati. Per chi però vive dentro una mentalità passiva e perdente, alla fine, tutto sarebbe andato nello stesso modo inappagante, semplicemente passando da una strada diversa.

E occorre un atteggiamento attivo anche ora: mentre idealizzi una trama che non si è mai compiuta, stai già sabotando il presente, stai già attivando la mentalità carica di rimpianti del "se soltanto avessi...".

La frase invece va ribaltata: "Se soltanto avessi voglia di assumermi la responsabilità di ciò che mi accade...". I finti rimpianti non servono solo a giustificare lo stato negativo in cui crediamo di trovarci: ci mettono anche "al sicuro" da ogni presa di coscienza capace di cambiare effettivamente le cose. *Fermare la ricerca del colpevole.*

Non è facile ammettere con se stessi che questi rimpianti sono solo un alibi, ma è così. Quando nella vita attuale tutto sembra andare storto la mente, in automatico, va nel passato alla ricerca del "colpevole", e lo rintraccia in eventi che, magari, sono già stati superati da tempo.

Perciò, anche se può sembrare difficile, dobbiamo rinunciare alla nostra finta storia: se non è una vera e propria allucinazione, poco ci manca. È sicuramente frutto di una fantasia regressiva, che vuole bloccarci a un livello di sviluppo ancora adolescenziale, e non possiamo permettere che prenda il sopravvento.

Liberiamoci di questo falso passato, del senso di sfortuna e d'inadeguatezza, che nutrono e tengono in vita i **rimpianti**. E, soprattutto, occupiamoci del presente, senza l'ansia di affrontare in ogni istante una "sliding door" in cui si decide chissà quale futuro. Non è così: chi vive pienamente e in modo autentico sa che anche gli sbagli possono tradursi, sorprendentemente, in svolte vantaggiose*.

*https://www.riza.it/psicologia/l-aiuto-pratico/6198/i-rimpianti-sono-zavorre-liberatene.html

PARTE SECONDA

L'Importanza di Vedere
le cose dall'Alto...

Capitolo Cinque

IL DISTACCO...
(L'Importanza del Distacco)

"Le cose per le quali ti turbi cercando di ottenerle o di evitarle non muovono verso di te, ma in un certo qual modo sei tu che vai incontro a esse: giudicale dunque con calma, ed esse rimarranno tranquille e non ti si vedrà più né cercare di ottenerle, né cercare di evitarle*".

Una mia cliente, Greta (nome di fantasia), ci accompagna in una storia densa di emozioni che vorremmo condividere con voi lettori. Lei si era sposata con un ragazzo dal nome Mirko. I primi dieci anni di matrimonio furono indimenticabili. Nel frattempo erano nati due bambini, Thomas e Sofia.

Una notte Mirko cominciò a rantolare; le grida di Greta attirarono l'attenzione di un vicino di casa, casualmente un infermiere, che riuscì a stabilizzarlo. Mirko aveva avuto un arresto cardiaco, e fu per questo ricoverato. Dopo vari accertamenti, l'equipe medica arrivò alla conclusione che, purtroppo, sarebbe deceduto in poco tempo, perché aveva avuto, se fosse accaduta, una specie di "morte bianca": il suo cuore, nonostante tutto, aveva reagito solo grazie all'intervento dell'infermiere.

Greta comunque continuò a coltivare la speranza di una possibile guarigione, nutrita dal grande amore verso Mirko. Durante il periodo in ospedale, il figlio Thomas, di cinque anni, aveva spesso degli incubi notturni. Voleva vedere il suo papà.

*Marco Aurelio.

Visto che non era possibile, poiché si trovava in rianimazione, la mamma aveva trovato una strategia: faceva scrivere a Mirko delle letterine da leggere al piccolo. In cambio il bimbo gli faceva dei disegni; in questo modo, per un po' si sentì rassicurato. Greta, in alcuni momenti, si sentiva ovviamente impotente: il dolore era grande, soprattutto quando pensava a Mirko che, ovviamente, soffriva, anche perché non poteva fare il genitore.

Dopo la riabilitazione Mirko tornò a casa. Assumeva però degli psicofarmaci, che comportavano degli effetti collaterali. A tratti diventava molto nervoso e aggressivo: spesso gridava, spaventando i bambini (Sofia in quel momento aveva solo nove mesi), alternando poi momenti di assertività e amorevolezza a lui affini prima della malattia.

La sua dolcezza infinita di un tempo sembrava sparita; anche i suoi modi con i quali esprimeva il desiderio nei confronti della moglie erano cambiati, spesso divenendo del tutto privi di quella che era la loro intesa e la loro connessione di un tempo, ciò che rendeva quei momenti irripetibili. La sua memoria recente spesso veniva meno, mentre si ricordava benissimo inutili cose lontane e passate.

Per Greta furono momenti devastanti, accompagnati da una nuova consapevolezza: non accettava di aver perso una persona così speciale, e nello stesso tempo si rendeva conto che, per aiutare il marito, aveva dovuto sacrificare anche il suo ruolo di mamma. Intanto il tempo passava, e i figli crescevano; avevano cominciato ad accettare che il loro papà fosse malato e, nonostante tutto, dovevano andare avanti, e lo facevano comunque con amore.

Thomas e Sofia si erano comprensibilmente attaccati ancora di più alla loro mamma, e avevano paura di perderla. Greta racconta che la sua famiglia era diventata come una squadra, e la forza veniva alimentata dal loro amore. Anche perché, non accettando la malattia del figlio, i genitori di Mirko si erano allontanati, in modi diversi: la mamma addirittura lasciandosi andare a una malattia non meglio definita, che le era servita per andarsene prima del figlio, mentre il padre divenendo distaccato e non interessato al calvario di sua nuora, di suo figlio e dei suoi nipoti.

Dopo circa dieci anni dall'incidente, Mirko fu inserito in una struttura protetta, per potergli permettere di fare delle attività. Greta era combattuta nel dover accettare questa soluzione, poiché il suo pensiero era legato all'abbandono. Uno dei motivi inconfessati che avevano contribuito a far sì che Greta accettasse che il marito fosse incluso in tale struttura era anche la paura che lui, offuscato dagli effetti collaterali delle medicine, potesse fare qualcosa di sgradevole alla figlia, ormai tredicenne. Insomma, vi era il timore di veder aggiungere orrore al dramma.

Il ragazzo, Thomas, cercò di farle capire che bisognava comunque trovare un'altra soluzione alla presente che vivevano, e che quella struttura rappresentava una risorsa importante per i nuovi bisogni del padre. Aggiunse che il loro rapporto non sarebbe cambiato, in quanto sarebbero andati a trovarlo con regolarità, possibilmente anche tutti i giorni.

Così Greta, che nonostante le difficoltà si era sempre considerata una donna forte, anche se avrebbe potuto trascurarsi, abbandonarsi a se stessa e al vittimismo, invece reagì curando al meglio la sua immagine, per far arrivare ai figli un messaggio importante: "Per aiutare gli altri devo stare bene io".

I tre ingredienti che hanno contribuito a tenere unita la famiglia sono stati "la forza, il coraggio, l'amore". A volte la disperazione bussava alla porta, ma la sua forza la faceva reagire: non voleva distruggere l'amore che aveva creato.

La malattia è durata vent'anni, e Mirko si è spento durante l'epidemia Covid. In quel periodo non si poteva andare neanche in ospedale. Greta e i suoi figli hanno sofferto moltissimo per non avergli potuto dare l'ultimo saluto, abbracciarlo, e dirgli: grazie per tutto il tempo condiviso insieme, grazie per averci insegnato a combattere, nonostante la tua malattia.

La malattia spesso rappresenta una variante incognita che sfugge alla comprensione comune. Purtroppo, per quanto ognuno possa illudersi di avere il potere nella propria vita, ciò che può avvenire in un solo attimo può anche rendere inutili tutti gli sforzi precedenti.

Mirko e Greta non erano mai andati a dormire senza aver prima ricomposto un eventuale dissapore o una piccola discussione. Non era mai capitato che andassero a letto senza aver prima chiarito e fatto pace, se ce ne fosse stato bisogno, ma quella sera fu l'ultima volta in cui era stato possibile farlo.

Le difficoltà, gli effetti collaterali delle medicine, e la fatica immane di portare avanti la famiglia da sola, rendevano la vita di Greta paragonabile a quella di una Madonna dei nostri tempi. Se Mirko non fosse stato soccorso con quel tipo di celerità, che cosa sarebbe cambiato nella vita di ognuno di loro?

Gli insegnamenti di quanto visto lasciano attoniti, essendo infiniti.

Greta ha scelto di fare tutto, e forse di più di quanto non sarebbe stato possibile, anche se niente di tutto ciò fosse accaduto. Ha pensato a tutto, non dimenticandosi mai di se stessa, e ciò è prezioso per il messaggio che ha rappresentato per i suoi figli. Si può cadere, capita di sovente; ma l'importante è rialzarsi in fretta e nel modo migliore, a volte anche accogliendo il peso di chi non può più accompagnarci come prima.

Accade come abbiamo visto tutti in qualche filmato, dove magari un maratoneta si ferma a soccorrere un compagno caduto e, dopo averlo aiutato a risollevarsi, rinunciando al risultato inseguito fino a un attimo prima della gara, se ne fa carico e insieme arrivano fraternamente al traguardo. Mirko, grazie a Greta, è arrivato dove dovrebbero voler arrivare tutti i padri: essere un esempio per i loro figli e sostegno per la loro famiglia.

Donne come Greta rendono il mondo migliore. Ci sono situazioni che sembrano molto fragili, insicure, improbabili, e che invece sopravvivono addirittura alla morte. A volte sembriamo fragili come fiori, e tra loro è il soffione che assomiglia maggiormente ai nostri momenti più difficili. Eppure è un fiore perenne, tipico dei climi temperati, che cresce spontaneamente praticamente ovunque: sul ciglio delle strade, ai margini dei campi coltivati, nei prati di zone pianeggianti, collinari e montuose.

È fragile, ma si riproduce in maniera talmente rapida da invadere i terreni coltivati, tanto che, soprattutto in passato, era considerato una pianta infestante da estirpare. Data la sua spontaneità, sembrerebbe un fiore di scarso pregio; invece il soffione ha moltissime proprietà medicinali e un profondo significato simbolico, evocativo e multiforme. Gli sono stati attribuiti addirittura poteri magici e ha ispirato più di una leggenda.

Dopo la sfioritura, infatti, i semi si raccolgono in una sfera piumosa, pronti a disperdersi al primo soffio di vento. Simili a paracaduti, volano nell'aria attaccati a piccoli ombrellini.

Tutti, almeno una volta nella vita, abbiamo soffiato su questo fiore, magari nella speranza che si realizzasse un nostro desiderio. Il soffione ha un significato simbolico profondo e multiforme, collegato al desiderio, all'infanzia, ma anche all'idea del distacco, del viaggio, della libertà e della rinascita.

Lao Tzu diceva che chi è distaccato dalla vita non schiva l'incontro con un rinoceronte, o una tigre; si getta nella mischia senza corazza e senz'armi; ma non subisce alcun danno, perché è a prova di "corno di rinoceronte, di artiglio di tigre, delle armi dei combattenti". Perché?... Perché, protetto dalla sua imperturbabilità, non offre presa alla morte.

Una storia come questa di Greta, Mirko e dei loro ragazzi lascia il segno in ogni cuore, e anche nel nostro ha da ora un posto sacro. A volte ci sono emozioni, come il rancore o il risentimento, che ci rendono vittime delle circostanze, e non ci permettono di accogliere il passato.

Accettare ciò che chiamo "sfida" per quello che è diventa la strada che potrebbe farci incontrare la serenità. Se rimaniamo invece ingabbiati nel passato, nella sofferenza, rischiamo di perdere di vista la vita stessa, la quotidianità, e le relazioni. Quante volte ci siamo chiesti: "Perché a me?" Questa domanda potrebbe essere sostituita da domande funzionali, tipo: "Cosa devo imparare da tutto ciò? Come può essermi utile?"

Dire "É andata così..." potrebbe essere un'occasione per dare un senso alla propria vita ADESSO.

Rosette Poletti e Barbara Dobbs, autrici del libro "Accettare ciò che è" indicano che "l'unica via che permette di andare verso la serenità consiste nel confrontarsi con il proprio dolore, il rancore, i rimpianti, accettarne l'esistenza e il fatto che abbiano buoni motivi di esistere". Loro ci suggeriscono di esprimerli, parlandone a qualcuno, oppure attraverso il disegno, la pittura, altro... É un'occasione per portare il dolore fuori di noi. In questo modo si può trasformare la sofferenza in compassione.

A volte può essere funzionale l'aiuto di una persona di fiducia, una psicoterapeuta, una counselor, una coach, un consulente, una guida spirituale. Di fronte alle difficoltà sfidanti, nel tempo ho imparato a centrarmi attraverso il respiro. Cerco di ascoltarmi e di scendere dal piano mentale a quello della "pancia".... e lì sto con la mia emozione; non è sempre facile, ma ci provo, e anche solo il provarci a farlo, comunque alleggerisce.

Un altro strumento che uso anche con i miei clienti è la visualizzazione. La "MindClearing" è una tecnica di "pulizia" dai pensieri che spesso ci affliggono durante la giornata, non ci permettono di rilassarci, centrarci e quindi penalizzano la qualità della nostra vita. Implica l'accettare, per diventare i protagonisti della nostra vita, lasciare andare le credenze che fino a oggi ci hanno fatto compagnia per abbracciare pensieri energizzanti, dove la responsabilità prende il posto del vittimismo.

Accettare è necessario per ripartire, e a volte il motivo del blocco è proprio questo e solo uno: la non accettazione, il dirsi "Non è possibile che questo sia accaduto proprio a me...".

Capitolo Sei

DIVENTARE GRANDI...
LASCIARE PER TROVARE...

"Molti dei grandi sono ancora bambini,
proprio come voi e me.
Non possiamo misurare un bambino
con il metro della dimensione e dell'età.
I grandi che sono bambini sono nostri amici;
gli altri non dobbiamo proprio prenderli in considerazione,
perché si sono autoesiliati dal nostro mondo*".

Ci sono lacrime che vengono prodotte e versate da chi si sente rifiutato da un padre o da una madre, o peggio ancora da entrambi i genitori. Il distacco dalla Famiglia di Provenienza, anche se fosse solo percepito, deteriora un equilibrio che, forse ancora incertamente, si starebbe creando nel bambino in crescita.

Ancora più amare sono le lacrime prodotte dalla stessa persona qualora, oltre che sentirsi respinta, essa vedesse le figure rifiutanti prendersi cura di altre persone al di fuori della propria famiglia. Questo capita frequentemente a figli inseriti in una famiglia allargata, dove spesso le attenzioni devono essere divise anche con figli acquisiti, o concepiti dal padre o dalla madre in una nuova relazione con altri partner.

Può capitare che insegnanti, allenatori sportivi, terapisti di qualsiasi sorta, ma anche ristoratori, o venditori di ogni tipo di genere, possano cambiare il loro atteggiamento di privilegio espresso in precedenza nei nostri

*Lyman Frank Baum.

53

confronti, trasformandolo in uno qualsiasi, e ciò talvolta può avvenire anche solo per dei fraintendimenti.

Se un comportamento di questo tipo fosse subìto da qualcuno che avesse un tempo vissuto esperienze di "abbandono", reale o percepito, il messaggio che arriverebbe ai figli portatori di questa percezione sarebbe: *"Sono tutti più importanti di me; non ha tempo per me, ma per chiunque altro ne trova. Non ha attenzioni per me, ma per chiunque ne ha"*.

Questo conduce invariabilmente a un comportamento oppositivo, che porta ad allontanarsi in tutti i modi dal genitore da cui ci si sente non accettati, e ad avvicinarsi all'altra persona o a una qualsiasi, con cui si potrebbe sostituire un esempio educativo da seguire, a volte una qualsiasi figura da cui non percepiamo giudizio negativo.

Eppure sarebbe sorprendente scoprire quello che a noi operatori capita di conoscere da tempo: spesso, il genitore che disapprova i propri figli, fino a farli sentire non amati e inadeguati, vive a sua volta una condizione d'inadeguatezza che lo porta, avendo una bassa autostima, a non valutare adeguatamente i propri figli, in quanto li ritiene "troppo qualcosa" per poterne sopportare la loro "grandezza". In tutte le famiglie ci sono realtà che mettono alla prova.

Le prove cambiano, poiché le percezioni mutano; così ognuno, all'interno della propria famiglia, trova il territorio adatto alla propria evoluzione, sia che desideri imparare, diventare migliore e crescere, sia che voglia scegliere di cedere alla sensazione di essere stato spesso trattato ingiustamente. Questo accade se il vittimismo è più forte della possibilità e della volontà di sentirsi amati e apprezzati, anche se nella nostra famiglia non ci fossero campioni del mondo nella categoria dell'amorevolezza.

Un giorno, a Torino, in Corso Vittorio, ho assistito a una lite tra una madre e una figlia, nato forse da un'incomprensione, se ho capito bene, in un giorno in cui era addirittura il compleanno di una delle due.

La gente le guardava discutere con noncuranza, proseguendo il loro percorso, mentre la loro rabbia, come un olio vischioso, sfilava ai lati e impregnava Corso Vittorio. Io non so chi delle due avesse ragione, e non lo posso sapere. *Chi delle due avesse torto, invece, lo posso affermare con estrema sicurezza: entrambe.*

Ognuna delle due aveva ceduto, non importa chi delle due lo avesse fatto per prima, al desiderio di una parte negativa interiore di voler sabotare quel giorno di festa, quell'occasione che avrebbe potuto essere destinata piuttosto a un momento di gioia, di amore, di celebrazione. **Non ricordo chi delle due piangeva, forse entrambe**.

In ogni famiglia esistono situazioni che meriterebbero un'attenzione benevola da parte degli altri; è comunque sempre a causa di una questione di amore, che a volte non viene percepito, mentre in altre manca proprio la capacità che esso venga messo a disposizione. E in ogni famiglia c'è una figura "FARO": qualcuno che l'Universo ha voluto metterci vicino per farci luce, per guidarci con il suo esempio.

Nella mia famiglia questo compito prezioso ce l'ha avuto mia zia Antonella, che è stata anche la mia madrina e che è mancata purtroppo proprio ieri.

Desidero condividere con voi quanto la sua storia sia speciale e quanto lo sia stata lei. Immancabilmente, quando io devo affrontare una sfida, attingo energia dalla sua storia.

Lei proveniva da una famiglia numerosa, ed è stata la prima figlia di tanti fratelli e sorelle. Fin da piccola, come un tempo era normale che accadesse, aiutò i suoi genitori ad allevare i fratelli più piccoli.

Divenuta grande, decise di trasferirsi dalla Calabria a Torino, dove scelse di studiare per intraprendere la professione d'infermiera. Ha sempre svolto con passione e amore il suo lavoro. Nel frattempo si era sposata e, pur senza diventare mamma, era in qualche modo la mamma di tutti noi nipoti.

Verso i cinquant'anni mia zia fu purtroppo colpita da un tumore, un melanoma. I dottori le avevano lasciato pochissime speranze: inizialmente le avevano dato sei mesi di vita, non di più. Contemporaneamente, essendo molto cara ai medici e alle infermiere sue colleghe, le era stata proposto di seguire una cura sperimentale; dopo i sei mesi, le reazioni alla cura facevano ben sperare in una vita più lunga. In quel periodo ricordo che la sua forza aumentò, e non perse mai più le speranze; continuò a lavorare con lo stesso amore verso i suoi pazienti.

Quando ci incontravamo, mia zia non perdeva mai occasioni per ripetermi, con dolcezza e un sorriso speciale che, nonostante le sfide, la vita è preziosa, e non dobbiamo sprecarla, ma averne cura, poiché il tempo scorre troppo velocemente... "Carmen" mi diceva, *"pensa sempre a tutte le cose che possiamo offrire agli altri... un sorriso, una parola di conforto"*. Mi diceva queste parole.

Dopo cinque anni di alti e bassi con la malattia, fu fuori pericolo. Mia zia, che aveva purtroppo la demenza senile, nonostante tutto mi riconosceva; e quando ero andata a trovarla, in ospedale, mi aveva regalato ancora la sua forza, a discapito delle sue condizioni.

Mi aveva detto che sono bella, soprattutto quando sorrido, e baciandomi infine... mi aveva detto di andare. Quasi sempre, quando si parla di eredità, la si vede legata al denaro. L'eredità che porto con me da parte di mia zia è quella che mi ha insegnato, con il suo esempio, a non arrendermi.

Ogni difficoltà è un'opportunità per imparare a familiarizzare con la malattia, a non subirla, bensì accoglierla, per poi imparare a dialogare con la parte del corpo che si è ammalata. Mi ha anche insegnato che, se noi non siamo diventate delle "mamme", abbiamo possibilità diverse di portare la nostra energia verso altri bimbi, o scegliere di svolgere attività che ci permettano di esprimere il nostro amore. Possiamo imparare da ognuno: gli altri siamo noi, e non li incontriamo per caso. In ogni famiglia esiste uno scenario adatto a mille insegnamenti, e ognuno poi ne trae ciò che crede essere importante: talvolta diamanti, in altri casi frustrazioni e dolore.

Una mia cliente, Francesca (nome di fantasia), è nata in una famiglia in cui spesso la violenza era la protagonista tra i suoi genitori. Il potere era soprattutto esercitato dal papà. Crescendo, Francesca divenne consapevole che, pur vivendo in modi diversi tale difficoltà, nella sua famiglia non c'era una vera e propria vittima, in quanto ognuno reagiva in un modo funzionale alle proprie visioni.

L'ingrediente che aveva fatto da collante, tenendo comunque uniti il padre e la madre nonostante tutto, è stato il sesso. Oggi, dopo più di cinquant'anni di matrimonio, il papà si occupa della moglie, malata di Alzheimer da oltre dieci anni.

La cliente racconta come, vista la situazione, da piccola non poté vivere la sua infanzia con spensieratezza; anzi, si era trovata a dover crescere in fretta autogestendosi, senza mai lamentarsi, anche se non c'era mai spazio per se stessa. Era già allora una piccola-donnina.

Tra i suoi compiti primari, ce n'era uno difficilissimo e impegnativo: era quello di fungere da mediatrice tra i genitori, al punto che a volte i suoi pensieri erano accompagnati dalla paura che potesse capitare addirittura l'irreparabile all'interno della sua famiglia, visto l'equilibrio precario in cui il quotidiano si svolgeva. Nei momenti di disperazione, la sua sofferenza la portava a sperare addirittura che i suoi genitori morissero, per avere un po' di pace: un punto di vista apparentemente spietato, ma comprensibile.

Fuori dalle mura domestiche Francesca era forte, capace di crearsi il suo spazio, vivere al massimo la sua vita, sbizzarrendosi. E in quei momenti si sentiva libera come un gabbiano, accompagnata da tante amicizie (per lei le amicizie sono sempre state fondamentali, in quanto le hanno permesso di trovare comunque la forza per affrontare le difficoltà familiari).

Quando divenne maggiorenne, si autorizzò a vivere una vita senza regole, in libertà. Soprattutto, non permetteva a nessun ragazzo di darle in alcun modo consigli, nè tantomeno di giudicarla. Francesca, come sua mamma, era un'instancabile lavoratrice; allo stesso tempo aveva messo dei confini con se stessa. Ad esempio, non aveva mai bevuto o fumato: "Vivo la mia libertà con coscienza" diceva. Se però avvertiva che una storia comportava dei sacrifici, o sentiva del dolore, prendeva le distanze, chiudendo il rapporto.

Col tempo incontrò un uomo speciale, amorevole, affidabile, che non le negava la libertà. Era buono e comprensivo; in più, le offriva la possibilità di avere finalmente una famiglia e, cosa da non poco, le permetteva di sperimentare una sicurezza economica importante. Insieme costruirono la loro famiglia.

Negli anni, il rapporto di coppia tendeva però a incrinarsi sempre di più, comportando di conseguenza un tradimento da parte di entrambi. Per Francesca il sesso era importante, ma era anche curiosità, visto che, a differenza di molte donne, lei era priva di tabù. Spesso, dopo un rapporto sessuale, si chiedeva: "Tutto qui?". Si domandava anche perché gli uomini, rispetto alle donne, fossero normalmente più desiderosi di fare sesso.

Confrontandosi con le altre donne, aveva capito che la loro educazione e le loro credenze le avevano limitate nella spontaneità, come se desiderare o richiedere un rapporto sessuale fosse peccato.

La mia cliente è arrivata ora alla conclusione che molte donne dovrebbero imparare a conoscersi meglio, ad amarsi di più, e potrebbero autorizzarsi a pretendere di più da un uomo.

Dopo averlo tradito, insieme al marito, che aveva nel frattempo scoperto quanto accaduto, cercarono di farsi assistere da un terapeuta che, con successo, li aiutò a ritrovare la serenità familiare, durata poi per circa altri nove anni. Nel tempo, tuttavia, anche il marito la tradì... Quando Francesca capì che anche i suoi figli stavano soffrendo per il suo comportamento, cominciò ad annullarsi. In quel momento, occorreva mettere la famiglia al primo posto. Purtroppo, dovette accettare che ciò che non andava nella loro relazione aveva portato anche il marito alle frequentazioni al di fuori dal matrimonio.

Francesca comprese che, nonostante l'impe-gno per salvare il matrimonio, forse erano comunque arrivati al capolinea.

Si separarono, e lei ricominciò da capo, riprendendo tra le mani quella che era in realtà la cosa a cui teneva di più: la sua "libertà". A cinquant'anni, la sua maturità la portava a guardare alcuni aspetti della sua vita da altre prospettive. Da quel momento. Francesca iniziò a cercare un uomo con cui confrontarsi, e contemporaneamente, arrivò in studio da me.

Nel nostro percorso, durante un esercizio, mi disse una frase molto significativa, che parlava di quanto il suo coraggioso modo di vivere le relazioni la nutrisse: **"Io mi cibo di trasgressioni"**. Le chiesi: "Cosa intendi per trasgressioni?". La sua risposta fu chiara: "Vivere senza regole". Fu facile intravedere, in questa sua inconsueta leggerezza di cui andava fiera, una risposta, forse l'unica per lei possibile, a un padre maschilista, prepotente e manesco, e a una madre altrettanto decisa e litigiosa, che "aggiustavano" a letto, con il sesso, ciò che avevano prima guastato in termini di discussioni e vere e proprie liti.

Se prima, nella sua esperienza, aveva imparato che il ricongiungersi fisicamente era un "metaforico luogo di pace", attraverso il nutrirsi di trasgressioni licenziose, ora si permetteva, attraverso la sessualità, di vivere quello che lei credeva fosse il lato migliore di una vita a due.

Dopo circa un anno dalla separazione, conobbe un bel ragazzo proveniente dai paesi Arabi. Inizialmente lui era molto simpatico e intraprendente, ma a volte dimostrava comunque una certa aggressività verso di lei e gli altri. Paolo (nome di fantasia) rappresentava l'uomo che Francesca non avrebbe mai voluto conoscere né con cui relazionarsi, soprattutto perché lui arrivava da un paese in cui l'uomo nasce con il potere, mentre la donna viene educata a servirlo.

Durante la frequentazione, iniziò inevitabilmente una continua battaglia verbale, composta da differenze culturali e fatta di abitudini incompatibili tra loro. Contemporaneamente, scoprì che Paolo aveva però qualcosa di unico e speciale rispetto agli altri uomini: era, ed è, un uomo completo sessualmente, molto attivo e fantasioso, quello che tutte le donne sognano di incontrare.

Dentro di lei era combattuta, poiché si domandava: "Perché accetto la sua autorità, la sua aggressività verbale e le sue minacce?" Nei mesi successivi aveva capito che lui, con il suo comportamento, aveva compromesso comunque la sua autostima: Francesca non riconosceva più il suo valore. Si era abbandonata a se stessa, entrando in un tunnel buio, e aveva paura di lui.

Nel momento in cui lei scelse di prendere posizione e allontanarsi, lui fece di tutto per farle capire che l'amava; ma era combattuto con quella propria parte-ombra scoperta, che non riusciva a dominare e che gli faceva esprimere la sua parte peggiore. In quel momento, Francesca accettò di proseguire la storia con Paolo, ma a condizione che si sarebbero fatti aiutare da un terapeuta. Paolo si dichiarò disponibile, e Francesca, che conosceva il suo cuore, era felice di vederlo disposto a mettersi in discussione pur di non perdere il suo amore.

Nel tempo, Paolo confessò a Francesca che nessuna donna era mai riuscita come lei a farlo rapportare con le sue fragilità, permettendogli di riconoscere gli errori che lo rendevano aggressivo e inaffidabile; in quel momento capì che avrebbe perso Francesca. Lei è tuttora orgogliosa di se stessa per aver comunque dato ancora un'opportunità alla loro storia; ha capito che, prima di giudicare l'altro/a, bisogna imparare ad ascoltarsi.

Francesca è arrivata a stupirsi e a meravigliarsi di se stessa e della sua flessibilità, che aveva permesso loro di avvicinarsi ancora di più l'uno all'altra. Era consapevole che, se fosse invece restata sorda e rigida, non avrebbe mai ottenuto altro se non un ennesimo doloroso rimpianto. Aveva scelto di vivere questa storia con amore.

Inizialmente si era giudicata per non aver reagito; poi imparò a perdonarsi e a perdonare, accettando il confronto. Paolo le ha fatto crollare il suo mito. Entrambi si erano resi morbidi verso l'altro/a. Francesca, attraverso il lavoro su se stessa, aveva riconosciuto il valore che, nonostante tutto, i suoi genitori le avevano insegnato, al punto che vuole vivere la vita gustandone ogni attimo.

La conoscenza di Paolo l'aveva arricchita, permettendole di lavorare sulla sua persona e sul rapporto di coppia. Ha capito che, nella modalità di Paolo, in particolare nella parte ruvida, quella sfidante, che Francesca viveva male, si accompagnava dell'amore; ha compreso che lui aveva accettato di amarla incondizionatamente, nonostante il riconoscere di possedere una parte borderline…

Francesca ci insegna che la paura è il contrario dell'amore, e che non avere timore di affrontare i limiti che, insieme, si vengono a creare in una relazione, significa elevare il rapporto a eccellenza, oppure dover riconoscere che quella relazione si è esaurita. Quante volte mi è capitato di sentire questo pensiero: "Sarò felice quando incontrerò una persona capace di farmi ridere, oppure di darmi l'amore che merito…".

Ricorda che non è mai troppo tardi per ripartire da TE, per capire che solo tu puoi darti ciò che ti manca.

L'incontro con l'altro è speciale se comprendiamo che siamo completi, a prescindere dall'altro/a; cercare l'altra metà della mela è una credenza che ci ha fatto sentire incompleti per secoli... e continuerà a farlo, se non disinneschiamo la convinzione che sia qualcosa di esterno a poterci unificare con la nostra completezza.

Vivere l'amore vuol dire non rinunciare alla libertà e non limitare quella degli altri: sentirsi naturali, senza fare sforzi. Comprendere questo significa agire senza attivare l'attaccamento, la pretesa e le aspettative. Il vero amore è fondato sul dare, non nel bisogno di avere.

L'esperienza è fondamentale per imparare a scegliere la persona con la quale relazionarmi; a volte incontrerò la paura, ma posso scegliere di sostituirla con il coraggio, che potrebbe portarmi a conoscere l'amore, soprattutto quello che posso destinare a me stessa. Concediamoci la possibilità di conoscere l'ego, che a volte influenza la nostra vita.

Sono le emozioni che spesso dirigono la nostra vita, e di conseguenza i nostri pensieri. Come sono le tue emozioni? Ti fanno stare bene? Se i tuoi pensieri sono ottimisti avrai una vita gioiosa, ma se sono negativi avrai una vita triste. Sarebbe importante sviluppare l'abitudine di mantenere l'attenzione su pensieri di bontà, amore, gioia; scriverli e ripeterli ad alta voce, sentirli con tutti i sensi.

Capitolo Sette

"QUANDO PER FAR SPAZIO AL NUOVO DEVI BUTTARE VIA LE COSE INUTILI"

"È ordine per la città avere uomini valenti,
per il corpo la bellezza, per l'anima la sapienza,
per l'azione la virtù, per il discorso la verità.
I contrari di questi sono disordine*".

Dell'uomo e del suo rapporto con la morte se ne potrebbe parlare in mille modi, poiché ognuno ha un rapporto differente con questo tema... come quell'anziano derviscio** che s'imbarcò su un battello per una traversata. Quando i passeggeri salirono a bordo e lo notarono, come accade generalmente in questi casi, andarono da lui a turno per chiedergli consigli. Il derviscio si limitò a dire a ognuno la stessa cosa: dava l'impressione di ripetere una di quelle formule sulle quali tutti i dervisci fissano talvolta la loro attenzione. La formula era: "Cercate di essere coscienti della morte, finché non saprete che cos'è la morte". Pochi furono i viaggiatori che si sentirono particolarmente attratti da quell'esortazione. Forse nessuno lo fu. Poco dopo si scatenò una terribile tempesta.

* Gorgia, Encomio di Elena, V sec. a.e.c.
**I Dervisci sono i membri di una confraternita religiosa musulmana, una sorta di eremiti o santoni solitari del Medio Oriente. I Dervisci rotanti perseguono l'unione mistica con Dio mediante una particolare forma di danza, nella quale ruotano vorticosamente su se stessi fino a raggiungere uno stato di trance.
Sul finire del sec. XIX, il nome è dato in Egitto ai seguaci del Mahdi sudanese promotore della rivolta anticolonialista che ebbe come principale teatro di guerra il Sudan.

I marinai e i passeggeri caddero in ginocchio implorando Dio di salvare la nave. Passavano dalle grida di terrore, credendosi perduti, alla frenetica speranza che qualcuno sarebbe venuto a soccorrerli; il derviscio, invece, era calmo e pensieroso, e non reagiva affatto all'agitazione e alle scene di panico che si svolgevano intorno a lui.

Alla fine la burrasca si acquietò, il mare e il cielo si calmarono. I passeggeri si resero allora conto di quanto il derviscio fosse rimasto sereno durante la tempesta.

Uno di loro gli chiese: "Non ti sei reso conto che durante quella terribile tempesta eravamo tutti a un passo dalla morte?". "Ah, sì! Certo", rispose il derviscio. "Sapevo che in mare è sempre così! Tuttavia, mi rendevo anche conto, e ci ho spesso riflettuto quand'ero a terra, che nel normale corso degli eventi siamo ancora più vicini alla morte*".

La morte ci riguarda, ma potrebbe anche non farlo se vivessimo costantemente concentrati sulla nostra vita e sul presente.

Qualche mese fa ho perso mio padre. Innumerevoli sono state le riflessioni, le paure, le considerazioni, i sensi di vuoto, la confusione, che sono conseguite a quest'accadimento. Tutto sembrava essere diverso, come se da ogni cosa mi arrivasse il grido di voler/dover essere cambiata, riconsiderata. Nei giorni seguenti alla sua dipartita ho capito che alcuni suoi oggetti, più di altri, mi sembravano ostili o inutili, o addirittura mi pareva potessero togliermi energia: la semplice vista di un dato oggetto mi lasciava un vuoto e una tristezza nel cuore.

Tempo fa, lessi in un libro che alcuni oggetti che circondano, e riempiono inutilmente, la nostra casa, riescono a toglierci energia.

*Parabola Sufi.
66

A volte non ci rendiamo conto che, come con le persone, anche gli oggetti, come i regali ricevuti o gli abiti che non mettiamo da tanto tempo, possono causarci malcontento. Mi sono chiesta quali fossero le cose che, anche semplicemente guardandole, mi facevano star bene. Quelle sarebbero state le cose che meritavano la mia vicinanza, e io la loro. Dentro di me ero comunque combattuta, attivavo resistenze di ogni tipo.

Volevo rimanere aggrappata a tutti gli oggetti che mi circondavano, che me lo ricordavano. Poi ho capito che alcuni di quegli oggetti erano addirittura legati a ricordi non belli, e quindi non funzionali al mio benessere.

Mi sono fermata; ho deciso così che cosa tenere e cosa dare via. Mi sono stupita quando, quasi contemporaneamente, anche la mia mamma ha scelto di togliere delle cose che la facevano stare male. Anche lei aveva capito che ciò che del papà sceglievamo di salvare, e di tenere per sempre, era dentro i nostri cuori.

Ho capito che ogni gesto mi può ricordare mio papà, così come il mio ex marito, o un amico che non c'e più. È, e sarà sempre, il tuo sentire (che puoi scegliere) a farti percepire ciò che scegli. Non sono poche le persone che solo alla morte di uno dei propri genitori, e solo allora, si sono sentiti legittimati a raggiungere il successo, quasi che prima non si fossero autorizzati a sorpassare i risultati ottenuti da loro, o se prima non avessero voluto dar loro la possibilità di poter pensare di aver fatto un buon lavoro educativo e di prendersi dei meriti.

Anche nel mondo della crescita personale è avvenuto ciò. Waine Dyer è uno di questi casi. Il padre aveva lasciato la mamma quando lui era molto piccolo e, per tutta la vita, lui aveva pensato a quanto il padre fosse stato vigliacco, e anche un cretino, ad abbandonare quella che, per Waine, era la donna più bella e buona del mondo.

Un giorno seppe che il padre era morto e anche dove era stato sepolto. Waine attraversò l'America per andare a pisciare su quella tomba. Però, dopo essere arrivato in quel cimitero, in quello sperduto paese, stette tre giorni su quella tomba a piangere. E quando uscì da lì scrisse "Prendi la Vita nelle Tue Mani*", il suo primo best seller.

Altri invece, sentendosi non più protetti, alla morte di uno dei genitori hanno abbandonato i loro sogni, magari temporaneamente. Così accadde a Og Mandino.

Lui voleva diventare uno scrittore; ma la morte della madre, subito dopo il diploma, lo segnò in maniera profonda, al punto che fu proprio in quel momento che abbandonò ogni speranza di diventarlo. Ci riprovò anni dopo, ma fallì ancora. Dopo tali sconfitte trovò un lavoro come venditore di polizze assicurative e si sposò. La sua famiglia cadde in una gravissima crisi economica, e lui si ritrovò con pesanti debiti che lo fecero affondare sempre di più. Sua moglie perse casa e lavoro.

In quei momenti pensò anche di mettere fine alla sua vita. In seguito, grazie alla sua perseveranza e al suo non arrendersi, divenne prima direttore di una famosa rivista (Success Unlimited) e successivamente (e finalmente) autore di grande successo. I suoi libri motivazionali hanno venduto oltre 30.000.000 di copie in tutto il mondo e sono stati tradotti in trenta lingue diverse; uno per tutti davvero consigliabile è "Il Più Grande Venditore del Mondo".

Altro esempio incredibile che ci arriva dal mondo letterario è quello di Joanne Rowling, l'autrice di Harry Potter.

*Rizzoli 1979.

Lei, infatti, era in un periodo della sua vita in cui credeva che ogni cosa, magari anche bella,sarebbe andata storta come tutto il resto, e che non sarebbe mai più stata felice o spensierata. Come sappiamo, mentre scriveva il primo Harry Potter era disoccupata e con una bimba a carico. Da quel momento buio della sua vita la scrittrice ha estratto la figura dei "Dissennatori", le creature che "risucchiano la pace, la speranza e la felicità dall'aria che li circonda". Ha continuato a scrivere, poiché lo riteneva terapeutico.

Nel 1995 terminò il manoscritto di *Harry Potter e la Pietra Filosofale* e, dopo numerosi tentativi di ricerca di agenti letterari, Christopher Little accettò di diventare il suo agente, proponendo il testo a dodici differenti case editrici. Tutte e dodici rifiutarono di pubblicare il romanzo, etichettato come "fin troppo lungo". Se le avessero detto che sarebbe diventata più ricca della regina (e lo è da tanti anni ormai) avrebbe fatto la stessa faccia che fa il bruco quando gli dicono che volerà anche a velocità incredibili, e che avrà colori meravigliosi perché diventerà una farfalla. *Quando per fare spazio al nuovo devi buttare via le cose inutili...*

Come abbiamo visto parlando del distacco, testimoniatoci da Greta, si può restare insieme pur dovendosi lasciare (anche per sempre). In una recensione di Annalicia Furfari del film "Detachment, il Distacco", di Tony Kaye, appuriamo che Henry Barthes è un solitario e introverso insegnante di letteratura alle scuole superiori.

Quando un nuovo incarico lo conduce in un degradato istituto pubblico della periferia americana, il supplente deve fare i conti con una realtà opprimente: giovani senza ambizioni e speranze per il futuro, genitori disinteressati e assenti, professori disillusi e demotivati.

La diversità di Henry è evidente sin dal primo impatto con questo universo allo sbando. Il distacco e l'assenza di coinvolgimento emotivo gli consentono di conquistare comunque il rispetto e la partecipazione di ragazzi difficili, che ben presto sconvolgeranno il mondo apparentemente controllato del docente.

Quella che vede impegnati gli insegnanti è un'autentica missione, a tutte le latitudini. Lo è ancor di più se il contesto sociale è caratterizzato dal degrado e dalla mancanza di prospettive. Purtroppo, laddove la scuola sia l'unico punto di riferimento nei microcosmi di adolescenti che affrontano il faticoso cammino della crescita, questa missione rischia di infrangersi al cospetto dei fallimenti quotidiani.

Allora il senso d'impotenza e frustrazione polverizza ogni traccia dei primi entusiasmi e idealismi, giungendo a infettare anche vite private in lenta e inesorabile dissoluzione. Così, il desiderio di fare la differenza diventa vana velleità, e lascia il posto alla resa.

Forse è per questo che il protagonista del film sceglie di continuare a fare il supplente, tentando, nel poco tempo di cui dispone, di impartire insegnamenti significativi agli studenti. Eppure, la passione che lo accende per la penna dei poeti sembra non riuscire a scalfire la sua vita.

Il distacco emotivo in cui Henry ha deciso di trincerarsi, e farsi scudo dal mondo, cela un'antica ferita, che torna a galla nel contatto con una prostituta-bambina scappata di casa e un'allieva sensibile, e dotata di talento artistico, ma castrata da un padre oppressivo e ferita dall'arroganza dei compagni. Mentre afferra e si occupa di queste isole alla deriva, Henry salva se stesso e la propria anima.

L'impatto tra pianeti arrabbiati e fragili genera però deflagrazioni irreversibili, ben rappresentate dall'immagine dell'aula vuota e sfasciata.

Il film, diretto da questo eclettico artista britannico, è intriso di profondo pessimismo e malinconica poesia.

La consapevolezza lucida e amara di un destino ancorato al dolore è scandita dalle parole immortali di scrittori, con cui il supplente spiega la vita ai ragazzi, e incarnata nello sguardo triste e lontano di un Adrien Brody sempre superbo. L'intero cast è all'altezza di una sfida impegnativa: cogliere le falle del sistema d'istruzione americano e le tragiche conseguenze che si riverberano sulle vite di insegnanti e alunni.

Il regista le ritrae in maniera non convenzionale, percorrendo la strada di uno stile personale e riconoscibile, con un avvio da documentario, con inserti d'interviste video a docenti che imprimono un effetto di realismo, e uno svolgimento via via più drammatico. Notevoli anche le soluzioni visive, con il contrasto tra il bianco e nero degli inserti iniziali e una fotografia dai toni caldi. Quando poi le immagini parlano all'unisono con la musica, la magia del cinema è compiuta e arriva dritta al cuore.

Anche nel nostro quotidiano non mancano le occasioni per separarci dai nostri entusiasmi, talvolta molto fragili; ma se la nostra passione non viene abbandonata l'intensità riaffiora, come accade di solito ai fiumi carsici, e spesso anche i risultati ritornano possibili.

Capitolo Otto

IL FILO D'ORO LEGA…
COME TUTTI GLI ALTRI FILI…

"Ci sono legami che vanno oltre il contatto fisico,
la vicinanza e la vista.
Percorrono strade invisibili, fino ad arrivare nella testa.
Si diramano in tante viuzze chiamate: comprensione,
"ascolto", telepatia, empatia, appartenenza*".

In questi giorni alle Maldive, mentre osservavo le persone intorno a me, vedevo che c'erano soprattutto famiglie o coppie. È forse per questo che la mia mente mi ha portato a fare un tuffo nel passato, esattamente nel lontano 1999, l'anno in cui mi sono sposata. Tra l'altro, durante il soggiorno c'e stata anche l'occasione di vedere celebrare un bel matrimonio: era una bella coppia, accompagnata dai loro figli piccoli.

Così mi sono ascoltata, e ho provato brividi nel vedere tutte queste famiglie unite, con il contorno del mare, del sole, della spiaggia... e l'emozione dei ricordi mi ha condotto al giorno del mio matrimonio con Gaetano e all'amore che ho provato per lui, per noi, e a quanto ho creduto in questa nostra storia. Ci sono voluti tanti anni per separarmi dalla sofferenza.

Per fortuna nel 2014, dopo aver letto due libri speciali, "Innamorati di te" e "Ricomincia da te" dello scrittore Tiberio Faraci, capii che il motivo del mio dolore era non aver elaborato il perdono nella mia vita; di conseguenza, mi sentivo ancora vittima del tradimento e di molte altre cose.

*Madoka Ayukawa.

Trascorso qualche mese da quell'"incontro" scrissi una mail a Tiberio. Pensavo: "Chissà se la leggerà mai... o magari mi risponderà fra qualche mese...". Invece, dopo poco Tiberio mi rispose; e da lì ho scelto di rimettermi in gioco, lavorando insieme a lui su di me e sulle mie ferite.

Così ho capito che il primo "tradimento", parola densa di tanti significati, lo avevo attuato io nel non ascoltarmi, anestetizzando il mio dolore attraverso il cibo, che di conseguenza mi abbassava le energie; ciò mi portava anche a pensare che ero io stessa un fallimento, e di conseguenza lo era la mia coppia. *Anche il cibo è un filo d'oro che facciamo entrare in noi.* E quali altri sono i fili d'oro dentro di noi?

A quali concediamo priorità? E quanti, tra loro, questa priorità se la meritano davvero? E quali sono quelli dentro di Te? Oggi ho trasformato il mio disturbo, che mi aveva accompagnato per trent'anni, in un'opportunità, dopo avere elaborato le motivazioni di ciò che mi portava a soffocare le sofferenze nel cibo.

Sono così grata alla mia persona, perché sono stata capace di far nascere una nuova consapevolezza verso il cibo, i suoi profumi, la vista. Ora sono rare le volte in cui scelgo di sbagliare approccio con il cibo.

Ci sono voluti molto tempo e pazienza per interrompere questa risposta automatizzata comportamentale. Quando incontro una sfida, mi fermo e cerco nuove soluzioni: vado a camminare, mi regalo un caffè, ascolto la musica, mi dedico al giardino, leggo, ecc.

Circa due anni fa, attraverso un'amica, ho saputo che Gaetano aveva una compagna già da qualche anno. Il mio grande, ma ingiustificato dispiacere, era autorizzato, secondo me, dalla sua bugia, o meglio dalle sue omissioni della verità.

Dopo che ci eravamo separati, ci incontravamo ancora ogni tanto in palestra; la differenza tra me e lui era solo nel mio cuore, e non nel suo. Clexidre era sempre stata onesta nel raccontarsi a lui, mentre Gaetano, ma forse a fin di bene, per paura forse di ferirmi o altro, non mi aveva comunque mai detto nulla.

Dopo essere stata tanto male, ho capito che in fondo dovevo tagliare quel filo (d'oro?) che mi legava ancora a lui. Può darsi che in un angolo del mio cuore sperassi ancora in qualcosa. L'ho capito dopo aver chiuso definitivamente il capitolo della mia vita con lui. Devo ammettere che, visto il ripresentarsi della sofferenza, Clexidre la verità non se l'era raccontata... oppure sì?

Oggi, pensando al mio ex marito, sono felice per lui che sia riuscito a relazionarsi ancora in coppia. E, riguardo a me, mi auguro di conoscere un giorno una persona ancora onesta, che mi assomigli e che creda nei valori. Personalmente adesso mi considero completa, anche se, per scelta, su questo punto i "miei lavori sono ancora in corso".

Ogni giorno abbiamo la possibilità di imparare ad amarci senza riserve; la vita ci regalerà sempre delle occasioni con cui fare i conti, specialmente con quei semi coltivati nel nostro cuore.

Gli uomini e le donne sono così diversi tra loro, almeno tanto quanto il Sole e la Luna, e purtroppo sembrano essere scivolati in un incantesimo che li condanna a una guerriglia d'incomprensioni e puntualizzazioni continue.

Un'antica leggenda cinese ci conferma quello che ognuno di noi sospettava, ovvero che quando il Sole e la Luna s'incontrarono per la prima volta s'innamorarono perdutamente.

A quei tempi il mondo non esisteva ancora, ma quando Dio finì di crearlo volle abbellirlo con la loro luce. Per farlo, però, fu inevitabile separarli. Decise quindi che il Sole avrebbe illuminato il giorno e la Luna la notte, obbligandoli così involontariamente a vivere per sempre divisi. "Tu Luna, illuminerai la notte, incanterai gli innamorati e sarai fonte d'inspirazione per gli artisti. Quanto a te, Sole, tu illuminerai la Terra durante il giorno, fornirai calore agli esseri umani e con i tuoi raggi renderai felice la gente" disse il Signore.

La Luna era talmente disperata per quel terribile destino che iniziò a piangere a dirotto, sino a diventare spenta e cerulea. Davanti a tanto strazio, Dio decise di dare una possibilità ai due innamorati, e di lasciarli incontrare almeno di tanto in tanto. Fu così che nacque l'idea dell'eclissi (che a noi esseri umani sembrano durare pochi minuti, ma talvolta si dice che per loro, e in una loro percezione speciale, esse possano durare anche anni).

Oggi, Sole e Luna vivono nell'attesa di questo istante, unico momento per amarsi che è stato loro concesso. Lo splendore del loro abbraccio è così intenso che gli occhi non possono neppure guardare, poiché rimarrebbero accecati nel vedere tanto Amore, così raro nel mondo.

Quali sono le cose che ti fanno stare bene? Ci sono così tante cose tra cielo e terra che non vediamo, ma che sono più reali di molto di ciò che ci appare non trasformabile. Spesso non siamo nemmeno disponibili a vedere neppure le miriadi di piccole trasformazioni che avvengono incessantemente per noi, e che invece andrebbero celebrate. E basterebbe scegliere che sia così per autorizzarci a farlo.

Un pomeriggio, nella mia "Maldive Experience", andai a camminare in riva al mare e percorsi un lungo tratto. Mi facevo compenetrare da tutto, come una bambina; ero felice e presente mentre lasciavo le mie impronte e, quando mi giravo a guardarle stupita, poi pensavo: "Le mie tracce, i miei segni". La sabbia bianca sottile, morbida, rappresentava un piacere per i miei piedi, e i miei occhi, con tutto ciò che c'era da vedere, erano estasiati.

E all'improvviso, da un punto in poi... meraviglia: le conchiglie, distribuite qua e là. In particolare qualcosa attrasse la mia attenzione. Mi piegai per osservare da vicino: era una strana creatura, una conchiglia che camminava. Faceva un breve tratto e poi si fermava. A un certo punto mi fermai: ero curiosa e volevo capire di più.

La strana conchiglia era un paguro con la sua casetta bianca, i suoi occhi rossi e neri che mi guardavano, incerti se fidarsi o meno; sembrava un piccolo granchio. Lo presi in mano e lui, istintivamente, entrò nella sua casetta. Lo accarezzai e, dopo qualche secondo, lui uscì e camminò sulla mia mano: era la prima volta che vedevo un animale così splendido da vicino.

Scelsi di tenerlo un po' con me, per farmi compagnia; poi, quando lui volle scendere dalla mia mano decisi di assecondarlo, posandolo sulla sua "terra". In verità avrei voluto portarlo con me... da qui un pensiero mi viene a trovare: *se rispetti... ami... se vuoi bene devi lasciare andare...* Ho pensato ad alcune delle mie amicizie passate...

Quante volte tratteniamo amicizie logore che tolgono energia: i classici vampiri, o "Dissennatori", come direbbe la Rowling.

Mentre ho scelto di scremare e buttar via per far spazio al nuovo, mi sono resa conto di quanto sono fortunata poiché sono circondata da amici che mi vogliono bene. Anche, e soprattutto, pensando alla preparazione di questo viaggio, in qualche modo mi hanno "accompagnato" e hanno sperato fino all'ultimo che io partissi e che trovassi quello di cui avevo bisogno; e questo per me vuol dire "partecipare alla gioia dell'altro", voler bene con il cuore.

Clexidre ha progressivamente capito che ci sono amicizie che si trovano nello stato di "bisogno", e che inevitabilmente si appoggiano per fare il pieno di un'energia di cui si nutrono. Ha conosciuto persone che le hanno tolto tutta la forza che aveva, e che le serviva.   Riflettendo però nel suo silenzio, ha capito che era lei la sola responsabile: non era stata scippata, si era proposta.

Col tempo Clexidre è cresciuta, ed è passata dal ruolo di vittima al ruolo di colei che gestisce tutte le responsabilità, poiché nel farlo trova tutto il Potere che le serve per volare, e per insegnare a volare a Carmen, e un po' anche a voi che leggete. Quanto, lo deciderete voi. Ma perché tutto questo?

Ha capito che, pur nel bisogno, alcune persone ti vogliono fagocitare con i loro problemi: ti soffocano senza darti spazio, come qualcuno che sta annegando e che, aggrappandosi al proprio soccorritore, lo usa come scoglio su cui salire per respirare. *A un certo punto ha detto "basta"*.

Quando stiamo in compagnia delle persone, dobbiamo reciprocamente caricarci di energia, leggerezza e benessere: e questo lo definisco un dono.

Sarebbe assurdo che, proprio in una relazione affettiva, ci siano invece scippatori, autorizzati da chi invita, che ti tolgono tutto quello che possono senza dare nulla.

Spesso, per paura del giudizio, o perché non abbiamo il coraggio di fare spazio al nuovo, viviamo le stesse cose, e ci arrabbiamo con noi stessi e con il destino, ma rimaniamo allo stesso punto. *Clexidre ha scelto di cambiare strada*. E ci indica il cammino, ci ricorda che è possibile!

In Oceania si racconta che, nei tempi dei tempi, il sole non esisteva. In cielo splendevano soltanto la luna e le stelle. Ora avvenne che un giorno, facendo una passeggiata, l'emù e la gru cominciarono a litigare, tanto che la gru, infuriata, corse verso il nido dell'emù, afferrò una delle grosse uova e la scagliò con tutta la sua forza verso il cielo. Lassù l'uovo cadde sopra una catasta di legna e si ruppe. Il tuorlo giallo colò sul legno e lo accese, cosicché tutto il mondo fu rischiarato da una luce viva, fra lo stupore generale.

In cielo dimorava uno spirito buono; vide quale aspetto magnifico aveva il mondo illuminato da quella luce radiosa e pensò che sarebbe stato bello accendere ogni giorno un fuoco simile. Così ogni notte, con l'aiuto dei suoi servi, radunò una gran quantità di legna.

Quando il mucchio era quasi pronto, mandava fuori la stella del mattino per avvertire la gente sulla terra che presto sarebbe stato acceso il fuoco. Tuttavia non tardò ad accorgersi che quel segnale non bastava, perché la gente che dormiva non lo scorgeva. Pensò che occorresse qualche strepitio per annunciare l'arrivo del sole e destare i dormienti, ma non sapeva a chi affidare il delicato incarico.

Una sera, udendo echeggiare la risata del gallo, esclamò: "Ho trovato!" Chiamò il gallo e gli spiegò ogni cosa. Da allora, ogni alba, allo scolorirsi della stella del mattino e allo spuntare del nuovo giorno, il gallo ride per destare i dormienti prima che si alzi il sole. Se il gallo non ride, lo spirito non accende più il fuoco e la terra ritorna nel buio.

Sorridi anche tu, io lo faccio. Sorridi a tutto e a tutti: l'Universo è per Te.

PARTE TERZA:

Staccarsi per Salvarsi...
...e Rinascere

Capitolo Nove

LA RABBIA È UN'ESPRESSIONE
DI VITTIMISMO...

*"Lamentarsi e reagire sono schemi favoriti dal-
la mente, grazie ai quali l'ego rafforza se stesso.
Per molte persone, gran parte dell'attività mentale-
emozionale consiste nel lamentarsi e reagire
contro questo o quello. Così facendo,
rendete gli altri o la situazione «sbagliati» e voi stessi «giusti».
Grazie al fatto che vi sentite «giusti» vi sentite superiori,
e grazie al fatto che vi sentite superiori
rafforzate il vostro senso del sé.
In realtà state ovviamente
rafforzando solo l'illusione dell'ego.
Potete osservare in voi questi schemi, e riconoscere la voce
che si lamenta nella vostra testa per quello che è? *"*

Dice un proverbio spagnolo che *"Chi troppo ingoia finisce col soffocare"*. Clexidre ha imparato che la rabbia è un'emozione vittimistica appartenente agli stati affettivi inferiori: è la risposta che il corpo dà alle situazioni negative che ci riserva la vita e agli eventi della quotidianità che noi percepiamo come ingiusti. Nello specifico, la rabbia esprime il modo sofferente in cui ci sentiamo in quel dato momento.

Come sappiamo, una stessa circostanza può dare origine a emozioni diverse. E se questo accade a una persona sola, che avverte emozioni mutevoli e talvolta contrastanti tra loro, figurarsi la moltitudine di queste quando dobbiamo affrontare qualcosa che riguarda anche altri, mentre in scena ci sono le nostre e anche le loro emozioni!

*Eckart Tolle.

83

Essendo le emozioni a dare colore agli eventi della vita, esse sono collegate a ogni situazione, quindi ovviamente e direttamente anche alla nostra salute fisica e mentale.

Per risolvere le cose, Clexidre ha imparato a "mollare la presa", ossia ad abbandonare ciò che non ha più motivo di esistere per andare incontro al nuovo. Si dice che "niente sia permanente, tranne il cambiamento". Talvolta, anch'io mi sono trovata a lottare dentro di me per aggrapparmi a ciò che mi circondava.

A volte arriviamo a stringerci alle nostre convinzioni: uno dei nostri modi preferiti per ritrovare la nostra sicurezza e le nostre apparentemente irrinunciabili zone di comfort.

Vorremmo sempre dominare gli avvenimenti, influenzare il corso del nostro destino; ma in questo modo perdiamo spesso la serenità, la calma interiore, per nutrire l'illusione che un giorno riusciremo a controllare totalmente la nostra esistenza. Tutto questo porta a conoscere angoscia e frustrazione.

Ho imparato a "mollare la presa" proprio osservando la mia famiglia quando ero appena sposata; e man mano ho capito che, nelle relazioni, a volte bisogna proprio saper abbandonare una posizione per crescere. *Questo significa accettare di aprirsi a ciò che arriva, e spesso anche cambiare il proprio punto di vista.*

Ho imparato a leggere gli eventi. Quando mi trovo di fronte a una difficoltà, so che è fatta di due componenti: una parte sfidante e una parte sostenente.

Questo, nel concreto, vuol dire che non mi devo sentire vittima dell'evento, ma ho la consapevolezza che quella difficoltà cela uno o più tesori nascosti: qualcosa da imparare, magari sottoforma di qualcosa da apprendere.

Da quando ho intrapreso i miei percorsi di crescita personale, il mio atteggiamento verso la vita è cambiato gradualmente, al fine di poter godere della mia propria esistenza. Come in questo momento storico di pandemia, tutti ci siamo trovati ad affrontare una nuova realtà e ci siamo fermati, chiudendoci un po' all'interno delle mura domestiche.

Anch'io l'ho fatto, come tutti, ma ho anche voluto riflettere sul valore della socialità. Ho imparato ancora di più ad accogliere a braccia aperte quello che arriva, a dare fiducia, a fare attenzione alle *mie convinzioni limitanti*; ognuno avrebbe dovuto affidarsi alle proprie certezze e al proprio sentire, evitando possibilmente i giudizi e, soprattutto, i pregiudizi.

Un'antica leggenda Zen si serve dello scenario di uno stagno per narrare la storia della tristezza e della rabbia, e di un modo diverso per guardarle e comprenderle. In un tempo molto lontano esisteva un giardino incantato, all'interno del quale vizi e virtù convivevano in armonia. *Tutti erano sereni, tranne la tristezza e la rabbia* che, al contrario, non riuscivano a godere della meravigliosa e idilliaca atmosfera che apparteneva a quel paradiso.

La rabbia e la tristezza erano due inquilini davvero difficili da gestire; infatti andavano d'accordo solo con l'invidia, con il risentimento, con la gelosia, con la pigrizia, con il conformismo e con la sfiducia. Insomma, era un gruppetto davvero da evitare, che non riusciva a godere del sole, neppure nelle giornate più splendenti.

Mentre tutti gli altri evitavano questi strani inquilini, la rabbia e la tristezza si ritrovavano spesso a trascorrere del tempo insieme con loro, soprattutto nelle paludi buie e tra le impenetrabili foreste più cupe.

Un giorno, quasi per caso, vennero a sapere di un tesoro nascosto all'interno di uno stagno presente nel giardino. La rabbia, che reagiva sempre senza pensare, sfidò la tristezza per trovare quel tesoro. La seconda, nonostante convinta di perdere, accettò la gara, e in men che non si dica iniziarono a scavare nel terreno.

Nessuna delle due trovò mai quel tesoro; ma, nel cercare, si ricoprirono di fanghi e detriti. Così decisero di farsi un bagno nello stagno, togliendosi i vestiti; e, tra i sentimenti rabbiosi di una e la sfiducia totale dell'altra, si levarono via il fango, trasformando inevitabilmente tutta l'acqua cristallina dello stagno in una melma torbida e scura.

La rabbia, indispettita da tutto ciò, uscì di fretta e furia, prendendo per errore gli abiti della tristezza e andò via. Rimasta sola e senza abiti, la tristezza scelse di indossare i vestiti della rabbia; **del resto a lei non importava***.

La leggenda narra che, da quel giorno, la rabbia indossi gli abiti della tristezza e la tristezza quelli della rabbia. Così, guardandoli, gli abitanti di quel luogo meraviglioso capirono che la rabbia è solo un travestimento della tristezza e che la tristezza, ogni tanto, è il travestimento della rabbia.

Quando siamo tristi, o arrabbiati, è perché non abbiamo trovato ancora un modo, ritenuto ottimale, per reagire di fronte a una situazione in cui ci sembra di essere stati trattati ingiustamente.

La rabbia, a dire il vero, potrebbe anche essere gestita come opportunità, a patto che la si scomponga, analizzando da quale direzione arrivi, come se fosse un vento di cui un velista dovesse necessariamente interpretarne la parte dalla quale stia soffiando, per poterlo quindi sfruttare riempiendone le vele.

*https://dilei.it/psicologia/sofferenza-nascosta-dietro-rabbia/751567/

E la si possa altresì poi ricomporre, possibilmente aggiungendo energia positiva che ci permetta di rileggerne le motivazioni, per scegliere quindi pensieri più elevati e positivi.

Altrimenti, subendola, ciò che ne deriverebbe potrebbe essere qualcosa che potrebbe assomigliare molto al vittimismo.

Possiamo scegliere di viverla, e attraversarla, in un modo comunque funzionale, sfruttandone quella che comunque sarebbe energia, oppure subirla vittimisticamente, con tutto ciò che ne consegue dovendo rinunciare al nostro potere. Il modo con cui ci relazioneremo attraversando un momento di rabbia potrà farci sentire frustrati e deboli, oppure capaci, efficaci e vincenti.

È a questo riguardo che Monica Fiocco, una competente psicopedagogista e formatrice, esperta nello sviluppo del potenziale umano, ci insegna magistralmente a correggere i nostri pensieri, specialmente quelli che arrivano inaspettati quando un evento esterno negativo, come una discussione, un malinteso, o un'azione di altri che giudichiamo sbagliata, rompe l'armonia delle nostre relazioni più importanti.

Per farlo occorre osservare e ascoltare i propri pensieri, ogni volta che qualche avvenimento esterno ci ostacoli nel rapporto con le persone che amiamo: significa provare a spezzare "l'effetto cascata" che accende nelle reazioni emozionali, come la rabbia, la frustrazione, la delusione e il rancore.

Thomas Mann diceva che quando un pensiero ci domina lo ritroviamo espresso dappertutto; lo annusiamo perfino nel vento. È sicuramente così, e la psicologia cognitiva è fantastica per aiutarci a comprendere come il nostro cervello sia sommerso dal fluire di pensieri automatici, a cui appartiene un criterio, a volte decisamente esagerato, e non attinente alla verità oggettiva degli eventi che stiamo vivendo.

Noi esseri umani abbiamo una caratteristica psicologica comune, ovvero quella di ingannarci tramite modalità di pensiero che tendono a confermare l'idea che abbiamo di noi, del mondo e degli altri. Gli autoinganni, talvolta, risultano funzionali per il nostro benessere, aiutandoci a superare piccoli momenti di crisi. In alcuni casi, però, essi costituiscono i fattori di scompenso e di mantenimento di problemi psicologici e forme di disagio.

Queste modalità di pensiero disfunzionali sono chiamate distorsioni cognitive, intendendo con questo termine quei processi psicologici viziati che ci portano a interpretare in maniera disadattiva gli eventi che ci accadono.

Questo è il motivo per cui, di fronte a un ostacolo, quando diciamo che facciamo tutto da soli, stiamo toccando una superiore forma di consapevolezza: stiamo infatti affermando che contattare, apprezzare e adottare i pensieri giusti potrebbe trasformare da subito, attraverso la loro qualità, la nostra situazione affettiva economica e, perché no, anche di salute.

Ancora la dottoressa Fiocco ci ricorda che, ovviamente, questi "falsi" pensieri, o appunto distorsioni cognitive, alquanto paradossalmente sono irrazionali e insensate (…), perché ritenute frutto della logica.

L'importante è imparare a guardare al proprio monologo interiore in modo appropriato, riconoscendo alcune delle più classiche e delle più tossiche "visioni tunnel" (…) che ci fanno scaricare la responsabilità, pensando che in quella situazione sia tutta colpa degli altri, e che per questo devono essere puniti.

Il ragionamento emotivo ci fa invece credere che i nostri stati emozionali riflettano la verità con pensieri del tipo: "Se sono in ansia, allora sicuramente c'è qualche pericolo giustificato", oppure "Mi sento un idiota, quindi evidentemente lo sono", oppure "Se sento questa particolare emozione vuol dire che è colpa tua!".*

Il primo passo per un atteggiamento più equilibrato verso se stessi e gli altri è proprio quello di riconoscere questi "falsi pensieri", per evitare che essi prendano il sopravvento sulla realtà della situazione che stiamo vivendo.

Le distorsioni cognitive sono forme comuni di "autosabotaggio", che possono rendere la vita difficile e complessa: uno sforzo per arginarli e imparare a gestirle insegna a vivere in modo più rilassato e vivificante la propria vita, oltre a quella delle relazioni importanti.

*Monica Fiocco, Psicopedagogista e Counselor ad Approccio integrato.

Capitolo Dieci

QUANDO L'AMORE FINISCE...

"Nelle grandi crisi il cuore si spezza o diventa più forte"*

Come quando un oggetto cade sul pavimento e va in frantumi, a volte anche a noi sembra di ritrovarci in mille pezzi. Talvolta, indipendentemente dalla crisi che stiamo vivendo, sia essa fisica o psicologica, abbiamo l'impressione che sia insuperabile, che non saremo più gli stessi, che non potremo forse neppure sopravvivere a tanto dolore. In effetti una cosa è vera: "Non saremo mai più gli stessi, ma avremo comunque l'opportunità di trasformarla in risorsa". È come una prova iniziatica.

Consideriamola il punto di partenza di un lungo processo di ricostruzione: sarà lungo, ma anche questa "sfida ricostruttiva" servirà. Quando ho capito che il mio matrimonio era finito, è stato come se mi fosse crollato il mondo addosso. È stato uno shock spaventoso. Per me il matrimonio era un valore, qualcosa in qui credevo; e, a modo mio, *m'impegnavo con tutta me stessa per farlo crescere.*

Oggi, possedendo gli strumenti per leggerlo, sono più forte di allora; e avendo lavorato così a lungo su me stessa riconosco, senza dubbio, le mie responsabilità. Con gradualità ho riconquistato la voglia di rimettermi in gioco, e ho ricominciato così ad aver fiducia nel futuro. I traumi che abbiamo vissuto ci hanno segnato e consapevolizzati, come davanti a una ferita aperta, mettendo così a nudo i nostri difetti e le nostre fragilità.

*Honoré de Balzac.

A volte si tende a non accettare la sofferenza, la si vorrebbe evitare; ma quest'ultima è una forza speciale con cui rapportarsi. Per cui è da qui che possiamo riavere in mano la nostra esistenza, da dove facciamo il primo passo verso la riuscita. Potrebbe essere un passo insicuro, poiché abbiamo ancora paura di inciampare, ma il più difficile è proprio il primo passo.

Vorrei portare alla vostra attenzione la leggenda dell'anello del Re*. È una leggenda persiana le cui origini si perdono nella notte dei tempi. Si narra di un Re che convocò l'anziano più saggio della sua corte. Chiese all'uomo di incidergli su un anello d'oro una frase che racchiudesse una verità assoluta su tutte le cose del mondo: una frase così perfetta da poter essere applicata a ogni situazione e a ogni epoca, che riassumesse il senso stesso della vita e che fosse universale. Il vecchio saggio obbedì, e diede al Re un anello d'oro che al suo interno recava la scritta "**Anche questa passerà**". Geniale: tutto passa.

Anche amare è accettare, superare e lasciare andare la paura. Nonostante l'amore sia quello che vogliamo, spesso ne abbiamo paura, consciamente o inconsciamente. Di sovente la paura distorce la nostra percezione. Superando invece il timore, giungiamo all'obiettivo ambizioso della trasformazione, che ci offre un sentiero di cambiamento personale tramite un mutamento del nostro modo di percepire noi stessi e gli altri.

L'amore rappresenta la totale assenza di paura, l'amore non fa domande. Non ne ha bisogno. Il suo stato naturale è l'espansione, non il confronto e la misurazione. Non ha bisogno dei conti della serva. Non tratta il valore di scambio, poiché non importa chi dà di più in un dato momento e chi ne darà invece in seguito.

*Tratto dal libro di Cèline Santini Kintsugi.

Quello che viene dato dall'uno o dall'altra è capitalizzato in un conto comune. L'amore è tutto ciò che ha valore, e la paura non può offrirci niente, perché è niente, essendo illusoria. Se ascoltassimo più frequentemente la nostra voce interiore, essa ci potrebbe indicare direzioni precise, e fornirci anche i mezzi per realizzare ciò che è necessario. Abbiamo sempre la possibilità di scegliere ciò che percepiamo e i sentimenti che proviamo.

Possiamo rieducare la nostra mente, ad esempio imparando a usare l'immaginazione attiva positiva, che ci permetterebbe di sviluppare proiezioni positive nella nostra mente. Un cambiamento nel nostro modo di pensare può ribaltare la relazione di causa-effetto come l'abbiamo conosciuta fino a oggi.

Ad esempio, possiamo scegliere di sostituire un pensiero d'attacco con pensieri d'amore, per smettere di ferirci da soli. In quel caso, l'amore che noi daremmo agli altri provocherebbe in loro una nuova considerazione verso noi stessi, che attiverebbe una migliore attenzione dei nostri pregi, e un modo più adeguato per reagire alla paura e alla sensazione di solitudine e di non appartenenza.

Blocchiamo la nostra possibilità di sperimentare nuove esperienze quando ci sforziamo di rivivere nel presente le nostre memorie di episodi del passato, siano essi dolorosi o piacevoli. Per questo motivo viviamo in un continuo stato di conflitto riguardo a ciò che accade nel presente, e non siamo capaci di sperimentare in prima persona le possibilità di felicità che sono in tutto ciò che ci circonda.

Possiamo impegnarci a scegliere come nostro unico scopo la pace, piuttosto che il conflitto.

Siamo in continuo divenire; riconosciamo che siamo uniti in un unico sé e che illuminiamo il mondo con la luce dell'amore che brilla attraverso di noi.

A volte, lo sappiamo, l'amore sembra finire, anche se resta in noi in un modo o nell'altro: così Sakura, una delle più belle leggende giapponesi sull'amore, ci parla invece di un ritorno.

Questa leggenda è ambientata secoli fa in quel bellissimo Paese, quando era devastato da guerre intestine. Noncuranti della guerra, gli alberi di una foresta fiorivano secondo i ritmi della natura. Faceva eccezione un triste albero solitario, a cui un giorno una fata impietosita diede la possibilità di sbocciare grazie alle emozioni: *"Potrai sentire i sentimenti umani e trasformarti in uomo quando vorrai; ma, se entro vent'anni non recupererai la tua vitalità, morirai"*.

L'albero si trasformò in uomo più volte, ma dall'umanità percepì per lo più odio e risentimenti. Deluso e ormai senza speranza, un giorno si avvicinò a un fiume dove c'era una ragazza.

Lei si chiamava Sakura; lui restò colpito dalla gentilezza della giovane donna, così i suoi sentimenti iniziarono a risvegliarsi. I due divennero talmente amici che un giorno Yohiro decise di aprirsi completamente. Le rivelò il suo amore, ma anche il suo passato. Sakura, che ricambiava i suoi sentimenti, rimase scioccata dalla sua storia e per un po' si allontanò da lui; Yohiro tornò a essere un albero.

Un giorno Sakura gli si avvicinò, lo abbracciò e gli disse che si sentiva come lui; si voleva fondere con Yohiro in forma di albero. Fu in quel momento che apparve la fata ed esaudì il desiderio della ragazza: i due si fusero e l'albero riuscì finalmente a fiorire*.

*https://terraincognita.earth/leggende-giapponesi-amore.

Haruki Murakami diceva che, per quanto una situazione possa sembrare disperata, c'è sempre una possibilità di soluzione. E che, quando tutto attorno sembra essere buio, non c'è altro da fare che aspettare tranquilli che gli occhi si abituino all'oscurità.

"Basta" è una parola italiana che viene usata sempre di più, universalmente, per indicare una zona oltre la quale non viene permesso andare. "Basta*" indica che uno stato di tolleranza che precedentemente veniva attuato e sopportato non sarà più permesso. "Basta" è un modo per affermare che la nostra capacità di essere gentili e educati, in rapporto a un comportamento ostile che è perpetrato nei nostri confronti, non verrà più concesso.

La sua origine etimologica è sconosciuta; nasce forse dal greco bastàzein, sopportare. È un'esclamazione forte, quasi performativa: la sua pronuncia vorrebbe segnare la fine di qualcosa. Anche se quello che fa, effettivamente, è tracciare un nuovo limite all'opportunità che magari concedevamo, o alla sopportazione che in quel momento sentiamo essersi esaurita. Così verranno a esistere tante diverse sfumature di "basta", che variano a seconda della posizione di chi parla rispetto a ciò che dovrebbe finire.

La bellezza e la potenza di questa parola stanno proprio nella sua generale aspirazione a generare un limite, un confine nuovo fra presente e futuro. Un'implorazione o un ordine di smettere (rivolta a chi?) ma anche una valutazione che di disfunzionalità ce n'è ormai stata a sufficienza.

"Basta" lo si è pensato e detto, probabilmente, fin dai primi momenti; ma, non essendoci espressi, quello che non era gradito è proseguito.

*Testo originale pubblicato su: https://unaparolaalgiorno.it/significato/basta.

Si è visto allora che eravamo in grado di affrontarlo meglio di come avremmo immaginato, ma forse era un'illusione. Il confine della sopportazione che pensavamo ormai raggiunto si è poi rivelato mobile e modificabile, grazie al "basta", e noi con lui*.

Oppure abbiamo semplicemente percepito che una misura è colma! *Ci vuole tanto coraggio a dire BASTA in amore!* Molti cercano alibi per farlo. Convincersi che la persona con cui stiamo (che è così attenta/o a pensare alle proprie esigenze invece che alle nostre, che mette i propri bisogni prima di tutto, che ci fa sentire un'appendice scomoda della sua vita) abbia un disturbo narcisistico di personalità è molto di moda. Basta leggere un articolo sul tema nella propria rivista preferita, e un successivo veloce inevitabile "approfondimento" su google, e la sentenza ineluttabile e senza appello, apparentemente acquietante, viene definitivamente emessa: disturbo della personalità! Ecco perché!

I sintomi principali sono egocentrismo patologico, deficit nella capacità di provare empatia verso altri individui e bisogno di percepire ammirazione, che iniziano entro la prima età adulta e sono presenti in svariati contesti. Questa patologia è caratterizzata da una particolare percezione di sé del soggetto, definita *"Sé grandioso"*. Sììì. Comporta un sentimento esagerato della propria importanza e idealizzazione del proprio sé, ovvero una forma di amor proprio che, dal punto di vista clinico, è in realtà fasulla e causa difficoltà di coinvolgimento affettivo. *È lui!*

La persona manifesta una forma di egoismo profondo, di cui non è di solito consapevole, le cui conseguenze sono tali da produrre nel soggetto significative difficoltà relazionali e affettive. *È lei!*

Il soggetto può manifestare bisogni relazionali anomali, quali il creare continuamente relazioni che gli permettono di specchiare in maniera grandiosa il proprio sé, cercare conferme, instaurare relazioni improntate a manipolazione affettiva, sostituire gli oggetti di relazione; analogamente, pure può manifestare vulnerabilità e risentimento, o incapacità di accettare critiche, o manifestare aspettative irrealistiche o inappropriate riguardo alla propria importanza.

I tratti e le manifestazioni che descrivono questo disturbo sono molteplici, e danno luogo a una casistica complessa di personalità, con caratteristiche variabili, collocate in uno spettro molto ampio per tipo e gravità*. **"Ecco perché! Tutto chiaro: si parla proprio di lei/lui, riconoscibile al 100%. Ogni sintomo parla di cose che conosco... è ammalato/a!"**.

Molti credono di aver incontrato un/una narcisista patologico/a*, o forse, invece, preferiscono crederci, solo perché questo spiega il motivo di tante disattenzioni e dimenticanze e mortificazioni. Tutto ciò è di gran lunga preferibile ad ammettere che, semplicemente, quelle persone non ci amano più!

*https://it.wikipedia.org/wiki/Disturbo_narcisistico_di_personalità.

Capitolo Undici

QUANDO AIUTARE GLI ALTRI
FA MALE A TE…

*"Ricordati che, se mai dovessi
aver bisogno di una mano che ti aiuti,
ne troverai una alla fine del tuo braccio…
Nel diventare più maturo scoprirai che hai due mani.
Una per aiutare te stesso,
l'altra per aiutare gli altri.*"*

Ripensiamo agli ultimi anni, esattamente dal 2019, anno in cui è scoppiata la pandemia (il tristemente universalmente conosciuto coronavirus),che all'inizio riguardava alcune zone della Cina e che, nel giro di poche settimane, si è poi trasformata in un incubo proprio per l'Italia, e infine per tutto il mondo. Ognuno di noi ha conosciuto la sofferenza, la paura, soprattutto l'impotenza. Avevamo tutti bisogno di aiuto, perché ci siamo sentiti soli e in pericolo.

Talvolta l'uomo vuole avere il controllo di tutto; questa volta il tutto ci ha "fermati" e abbiamo potuto comprendere, chi più e chi meno, che non abbiamo il potere di controllare ogni cosa. E forse per fortuna: perché se lo fossimo saremmo onnipotenti, come Dio? E in quel caso probabilmente, con otto miliardi di elementi così indisciplinati come noi, non dormiremmo sogni tranquilli.

Personalmente, all'inizio di questa nuova sfida sono stata accompagnata da due emozioni: da una parte il dispiacere di non poter vedere la mia famiglia, seguita da una sensazione di solitudine, e dall'altra la fiducia verso quello che potevo leggere dalla sfida.

*Audrey Hepburn.

Ho preso contatto con quella che io chiamo "*la mia casetta spirituale*", dove non ho mai fatto entrare i divieti e i colori delle zone (rossa, arancione, o gialla). Lì tutto mi era permesso; e questa consapevolezza, questo spazio, mi hanno dato la forza necessaria a organizzare la mia serenità e la mia pace, anche all'interno di quel periodo, così denso di preoccupazioni e di paure collettive.

Oggi dico "Basta" con più facilità alla poca chiarezza con cui ci sono state comunicate molte cose: ambiguità che ci hanno fatto accettare con molte difficoltà le mascherine, i vaccini stessi, oscurità ancora di più accentuate se pensiamo al mondo e alle sue contraddizioni, derivanti dal fatto che ogni paese ha applicato le sue regole. Quest'esperienza, che stiamo tutt'ora vivendo, oggi ci può offrire molti spunti su cui riflettere: quanto tal cosa ci ha condizionati nelle relazioni sociali, e quanto di ciò resterà per sempre, allontanandoci dagli altri? Quante paure e quanti limiti abbiamo ancora acquisito? E i bambini? Che tipo di risposta abbiamo saputo dare ai loro bisogni? *Chi siamo noi, oggi, rispetto a tre anni fa?*

Possiamo imparare dalle vicende che ci attraversano. E forse è veramente giunta l'ora d'intraprendere un passaggio di livello riguardo la nostra crescita interiore, e mettersi in discussione con umiltà. E poi è arrivata un'altra sfida che riguarda l'aiuto: la guerra in Ucraina.

Un vero genocidio, come pensavamo non fosse più possibile rivivere in Europa, talmente vicino nel tempo; e, geograficamente, è ancora ciò che è accaduto in Germania con la deportazione degli Ebrei. Tutto questo è vicinissimo a noi, e tutto quello che ci arriva, per immagini in televisione e nei vari canali di comunicazione, sembra un orribile sogno: come aiutare, dunque?

In che modo metterci a disposizione? Accogliere? Aprire le nostre case? E perché ora, e non in occasione di altre guerre, del tutto simili, di cui abbiamo saputo e che, praticamente, abbiamo quasi ignorato? Anche in quei casi si trattava di bambini, di mamme, di vecchi che dovevano/devono scappare dalle loro case bombardate. Mi resta una domanda: cosa ci portiamo via dal nostro passato, dalla storia imparata dai banchi di scuola? Forse dovremmo investire un po' più sul cuore? Sull'evoluzione della nostra coscienza? Come diceva Gandhi "Sii il cambiamento che vuoi vedere nel mondo"...

Penso che questa potrebbe essere una delle poche strade percorribili per salvare il futuro dei nostri figli, e del pianeta. Quante volte abbiamo pensato che la pace comincia in una qualche parte lontana da noi, quando tutti gli altri cambiano o depongono le armi? *La bella notizia è che la pace comincia vicino!* È qui, dentro di noi, attraverso i nostri cuori.

Comincia con noi stessi, per poi continuare attraverso i nostri figli, i nostri partner, gli altri. Quello che posso cambiare è il modo di comprendere il mondo. Spesso ho sentito dire che siamo noi che possiamo fare la differenza nel mondo. E, come abbiamo accennato prima, questo tipo di considerazione ci avvicina velocemente alla nostra totale consapevolezza che, se ci prendessimo tutta la responsabilità che possiamo rispetto a ciò che facciamo, a ciò che non riusciamo a fare, per noi stessi, per gli altri e per ottimizzare gli eventi, questo ci permetterebbe di ottenere accesso alla totalità delle nostre risorse e del nostro potere.

"Non siamo qui per fare numero, ma per fare la differenza": la differenza la possiamo fare per noi, per la nostra famiglia e per il pianeta stesso.

In questa frase di Tiberio Faraci e nel suo libro "Mi amo o non mi amo", egli dice ancora: "*Non dimenticarti di te, mai! Non togliere significato a quello che di più importante e più bello la vita ti ha dato, o ancora meglio affidato, ossia tutte le possibilità che essere nell'eccellenza di te stesso comporta: dare il meglio di te...*". *Talvolta è proprio di noi stessi che ci dimentichiamo.*

E quante volte Clexidre si è dimenticata di lei per aiutare gli altri? Ad esempio l'ha fatto tante volte nella sua famiglia, in alcune delle sue amicizie, in svariate sue relazioni di coppia e affettive in generale. Clexidre ha trascorso una buona parte della sua vita a pensare prima alla sua famiglia e poi a se stessa, se restava del tempo. *Le è stato insegnato a obbedire.* Le era stato vietato di pensare "*prima ci sono io e poi c'è spazio gli altri*", doveva pensare esattamente il contrario.

Questi pensieri l'avevano accompagnata nella sua vita per tanti anni, fino a quando non si è sposata con Gaetano; e allora, a quel punto, ha imparato a mettere qualche confine. Ha capito che proprio lei aveva abbandonato se stessa, e quindi aveva in tal modo lasciato che gli altri occupassero i suoi spazi, come inevitabilmente accade. Era diventata vittima di se stessa, non si era mai permessa di scegliere (a causa del giudizio): "Cosa avrebbero pensato i miei genitori se sceglievo qualcosa per me?

Sono stati i miei errori, di cui oggi sono grata, a permettermi di fermarmi, per poi autorizzarmi a riconnettermi con quello che sapevo essere il meglio per me e per i miei interessi personali. Nelle relazioni amicali ho capito di essermi, a volte, sopravvalutata in ciò che avrei potuto dare, e questo mi ha danneggiato.

Sicuramente, anche qui, i vari percorsi di crescita personale mi hanno fatto riflettere su alcune tipologie di persone: quelle "nutrienti e vitaminiche", quelle che migliorano la tua vita, e anche quelle "tossiche e vampiresche", quelle che la tua vita l'appesantiscono e la rendono peggiore". Solo l'esperienza ti può aiutare a comprendere chi hai incontrato finora e perché, e che cosa e chi vuoi scegliere di incontrare ancora. Ovvero possiamo comprendere che potevamo scegliere e che, anche se non lo abbiamo fatto ancora, apprendere che da ora lo potremo fare con facilità: *capire per poi scegliere*.

Un giorno partecipai a un seminario tenuto dal coach Claudio Belotti, e rimasi molto colpita da una sua affermazione: "*Non aiutare chi ha bisogno, ma aiuta chi merita*" (specialmente se chi merita sei tu). Riflettendo, mi sono resa conto che tutti noi incontriamo tante anime, e che alcune di loro sono nell'assoluta pretesa che noi ci prestiamo ai loro disegni, che fungiamo da gregari, da porta borse, che restiamo nella loro ombra, ammirati a contribuire al loro successo.

Di per sé, per servizio lo potremmo anche fare; meno interessante è rendersi conto che alcune di queste persone valgono molto meno di ciò che sai mettere in scena tu da solo/a. E, quando è così, **perché dovresti nasconderti dietro la loro luce, se è proprio quella che viene riflessa da te**? Ho imparato a lasciare andare, con la pace nel cuore, a fare spazio al nuovo, lasciando andare ciò che non ha funzionato".

Tutti noi conosciamo almeno una persona la cui sola presenza, o il solo pensare a lei, turba il nostro stato d'animo. La negatività è originata dal fatto che questa ipotetica persona, almeno in un momento della nostra vita, ha avuto un impatto infelice su di noi, avendole dato il potere di averci fatto mettere in collegamento con una parte di noi che non ci piace. Sono personalità negative, e ne esistono di molti tipi. Talvolta esprimono modalità "tossiche" che solo noi raccogliamo, un po' come dei cibi che fanno male a noi, ma non ad altri.

Queste situazioni hanno la capacità di destabilizzarci, a volte anche in poco tempo, con le loro valutazioni o interpretazioni distorte della nostra vita (che noi permettevamo loro di esprimere nei nostri confronti). Di conseguenza, per noi, e fino a che la nostra percezione non cambia, stabilire legami sani con loro diventa impossibile.

La responsabilità è comunque nostra nell'aver dato loro lo spazio e la possibilità di poterci "toccare" così da vicino. In caso di rapporti familiari, o di coppia, può instaurarsi un meccanismo di attaccamento e dipendenza che spesso facciamo fatica a riconoscere. Ci autosabotiamo, pensando che ciò non turba il nostro equilibrio interiore e, per paura della solitudine, insistiamo nel mantenere in vita queste relazioni tossiche, tollerando situazioni che sarebbero inaccettabili per chiunque. La soluzione potrebbe essere il nostro nuovo atteggiamento nei loro confronti.

Dobbiamo mettere dei confini, per non permettere che invadano il nostro mondo interiore: possibilmente evitare che s'intromettano nella nostra vita. *Il tempo serve per valutare le situazioni*. E spesso la valutazione più ricorrente è: "Non si può tornare indietro: ciò che è fatto è fatto". È, infatti, giunta l'ora di accettare ciò che non può essere cambiato, e prendere coscienza del dolore che sentiamo nell'anima se la contattiamo. Sareste stupiti nel sapere quanto le persone stiano male poiché non accettano qualcosa che è già accaduto!

In quei casi, ciò rappresenta una fase necessaria per riacquistare il sangue freddo e il coraggio necessari per andare avanti. A volte la sofferenza è stata così forte che basta un niente per riaccenderla; talvolta si cerca di sfuggirla, di evitare di guardarla, come se, negandola, la si potesse cancellare.

A volte, quando la pena diventa insopportabile, la si vorrebbe mettere a tacere usando qualsiasi mezzo, soffocandola con qualche sostanza, o cercando rifugio in una dipendenza. Conosco molto bene questo meccanismo, ho sofferto per molti anni di un disturbo compulsivo alimentare (bing-eating: alimentazione-incontrollata).

Nel momento in cui avevo scelto di separarmi, senza essere pienamente consapevole della sfida che avrei dovuto affrontare con me stessa, si era attivato un meccanismo che conoscevo bene e che non riuscivo a gestire. La separazione, o fine del mio matrimonio, è stata vissuta come la fine di un "progetto". In quel momento, ciò che mi faceva più male era la fatica che facevo nel guardare la realtà. Nel tempo ho imparato a fare pace con ciò che non c'era più, accettando la mia sofferenza, dandole il giusto "spazio e tempo" per esprimersi.

Il dolore è un messaggero veicolato da un'emozione: è lì per segnalarci che c'è un problema, e resterà finché esso non sarà risolto, o fino a quando lo vedremo come tale, perché questo è il suo compito. Dopo aver confermato alla "torre di controllo" che abbiamo ricevuto il messaggio, questo si affievolirà fino a scomparire, e a volte il download è immediato.

Questa presa di coscienza è necessaria per passare prima alla fase della guarigione, e poi a quella della cicatrizzazione.

È trasformativo essere onesti con se stessi e riconoscere le proprie difficoltà, invece di negarle e nasconderle. Possiamo imparare a guardare il nostro passato sotto una luce nuova, trasformandolo da peso a punto d'appoggio, per spiccare finalmente il volo verso la rinascita. Il mio cliente Noah ci porta un pezzo di vita molto interessante: la relazione con la sua famiglia. Lui ha vaghi ricordi del papà Matteo, l'ha perso quando aveva sei anni. La sua giovane mamma, dal nome Enrica, si era presa cura del marito, colpito da leucemia, fino all'ultimo respiro.

Quando conobbi Noah, sentii che aveva molta voglia di raccontarsi. Cominciò parlandomi della relazione con sua mamma, che è stata conflittuale fin da quando era piccolo. Infatti, più che fare la mamma, lei si poneva nella figura di figlia, nella pretesa di essere quotidianamente compatita, compresa e ascoltata. Come ogni bambino, anche Noah era desideroso di ricevere amore; si era quindi sentito poco amato perché la mamma, avendo una forma di depressione, non riusciva a comprendere i bisogni del figlio.

Dopo la morte del papà, la mamma per diritto occupò il posto di lavoro del marito, ma non furono comunque anni facili. Dal racconto emerge che la sua mamma si sia impegnata a costruire "un ubbidiente figlio da comandare": una specie di addestramento. Questa situazione diventa angosciante per chi la vive quotidianamente. Anche l'autostima viene messa in discussione; pur volendo aiutare la mamma, cercando di accondiscendere alle sue richieste, quanto si faceva non era mai abbastanza.

Nel contempo, Noah aveva una zia paterna che, da quando aveva perso il fratello, riversava il suo amore sproporzionato su di lui.

In qualche modo, si era trovato già da piccolo a relazionarsi con due donne "particolari". Dopo un primo periodo di lutto, mamma Enrica conobbe altre persone, tra le quali molte erano facoltose; ma non andavano mai bene, perché su di loro non poteva esercitare il "comando".

Un giorno entrò nella sua vita un giovane uomo, Umberto. Era una persona semplice, altruista, un lavoratore, che aveva un dono speciale: le lasciava la possibilità di gestirlo come un "pupazzo". Dopo qualche anno Enrica lasciò il suo lavoro, in quanto la relazione con i colleghi diventava sempre più conflittuale, per via delle sue continue richieste di adeguamento poste a loro verso i suoi problemi di salute.

Intanto anche Noah non sopportava più le sue continue critiche. Raccontò che, durante l'anno, sua mamma e il compagno facevano spesso delle vacanze; e lui non riusciva a capire come fosse possibile che, in quei periodi, vista la sua giovane età (l'adolescenza), lei non s'interessasse a lui, attraverso anche solo una semplice telefonata per sapere come procedeva. E, per concludere, al ritorno della vacanza era comunque sempre insoddisfatta.

Le occasioni per affrontare sua mamma, e poter esprimere il suo malcontento, furono molte; ma lei non voleva sentire ragione, negava tutto per proteggere la realtà che si era costruita.

Quando Noah conosceva delle ragazze la relazione non era sempre facile; spesso veniva lasciato, ma nel giro di poco tempo tornavano poi a cercarlo. Ricorda che, mancandogli l'amore della mamma, lo cercava in qualche modo nella relazione con i genitori della ragazza del momento. In alcuni momenti si faceva questa domanda: "Perché siamo su questa terra? Qual è il nostro scopo?"

La sua risposta era: "Siamo qui per ricevere e dare amore". Con il passare del tempo divenne sempre più sensibile verso le tematiche sulla spiritualità; si avvicinò alla chiesa, in particolare alla figura di Gesù e alla Madonna (intesa come figura materna). Sentì di poter andare oltre quello che erano i conti che faceva tutti i giorni con se stesso. Per tanti anni Noah sperò nel cambiamento da parte della mamma.

Un giorno lui le fece una domanda: "Secondo te, cosa vuole un figlio dalla sua mamma?" La risposta della mamma era stata il negare le sue mancanze, sostenendo che lei era stata sempre presente. Finalmente dopo aver passato anni a sentirsi in colpa, lui divenne consapevole che la mamma non poteva più manipolarlo. Durante i nostri colloqui con il cliente emergeva la difficoltà di Enrica di essere spontanea, anche nel regalargli un pensiero in denaro; sorridendo, il cliente si ricordava che, per elargirgli delle banconote, la mamma doveva trovare delle cose da fargli riparare a casa, doveva insomma meritarlo. Le sue conclusioni furono che sua mamma non era in grado di fare un dono disinteressatamente, e soprattutto non era riuscita a dargli fiducia sul funzionamento della parte economica.

Ultimamente, Noah ha scelto di allontanarsi anche dalla zia, perché questo era analogamente un amore malato: si era stancato di quel tipo di relazione, dove con pazienza aveva cercato di assecondare le continue richieste della zia.

La fede e, nel tempo, anche il percorso di crescita personale con me, lo avevano portato a comprendere, e poi accettare, che le sofferenze erano delle sfide che arrivavano per "imparare a leggerle trovando la risorsa dentro di lui".

Tra i vari lavori, scelse di fare anche l'autista soccorritore; in particolare, sentiva dentro di lui di volersi occupare degli altri per un periodo di tempo. È stata un'esperienza che l'ha arricchito spiritualmente. Ha ricevuto molto dalle persone; contemporaneamente, ciò gli ha permesso di capire che nella vita siamo ricchi, a prescindere dalla sfera economica, e siamo spesso nella carenza per scelta, anche quando non ci mancherebbe nulla.

Dopo un po', Noah conobbe Gioia: una bella persona equilibrata, comprensiva, affidabile, capace di ascoltarlo, rispettando il suo vissuto. Noah e Gioia hanno costruito una relazione affettiva fondata sull'amore, il rispetto, la libertà e la fiducia. Ora Noah sente di essere finalmente se stesso, di potersi confrontare con una donna capace di comprendere senza giudicarlo.

Capitolo Dodici

SALVARE ED EVOLVERE
O SALVARSI ED EVOLVERSI?

*"Puoi evolvere in consapevolezza solo se continui
a lavorare sulla tua anima testimoniante;
se diventi sempre più un testimone distaccato e presente
di tutto ciò che fai, di tutto ciò che pensi, di tutto ciò che senti.
Se sei infelice – come lo sono tutti –,
ricorda: ciò rivela semplicemente che sei inconsapevole. *"*

Pensando al mio lavoro d'insegnante di scuola dell'infanzia mi domando: *"Quanta influenza possono avere avuto le fiabe nella ricerca della felicità?"*

Ho sempre pensato al valore della fiaba come a uno strumento importante per far arrivare una *"nuova verità ai bambini"*, visto che quasi tutte le favole che hanno accompagnato la nostra crescita finivano in sostanza sempre con questo pensiero: *"...e vissero felici e contenti per tutta la vita"*. Se potessi, se me ne fosse donata la possibilità, io lo sostituirei con: *"... e vissero nel tempo l'alternarsi di giorni a volte felici e altre volte di tristezza e preoccupazioni... senza che questo facesse loro perdere la progettualità di voler comunque essere felici... e anche di esserlo il più spesso possibile..."*.

Il primo finale ha quasi costretto ciascuno di noi a trascorrere gran parte della propria vita nell'aspettativa di qualcosa, o di qualcuno, che completasse le proprie parti lacunose. Non ci ricorda forse qualcosa l'attesa di un certo principe azzurro?

*Osho.

Per voi ragazze, che cosa ha comportato vivere anni e anni d'impaziente noia, prigioniere in inaccessibili torri d'avorio (con la porta aperta)? E ai ragazzi di ieri, quante frustrazioni sono derivate dagli interminabili confronti portati da quegli sguardi delusi, tra "quell'azzurro cielo" che veniva vanamente atteso di essere intravisto su mantelli svolazzanti, a quegli incerti colori sbiaditi che invece loro potevano portarvi in dono?

Nel counseling si parla di un triangolo, definito come della "pretesa-lamentela-accusa", e delle interminabili diatribe che ne conseguono, che portano poi inevitabilmente ad essere sfiniti e bloccati dalle nostre stesse delusioni. Di fronte a tutto questo cosa scegliere, dopo esperienze così debilitanti per nostro stesso volere? Come salvarsi? Come evolverci, anche se nella nostra percezione abbiamo perso tutto e non c'è proprio nulla che possa apparentemente valere la pena di salvare? È una bella domanda.

Guardando ancora dentro alla mia rassicurante "casetta interiore", penso alle due parti più rappresentative di me: Io Carmen ed Io Clexidre. La Carmen del periodo adolescenziale non aveva strumenti per scegliere: non si conosceva abbastanza, non si riconosceva quando attivava una risposta compulsiva (cibo) di fronte a ciò che non le andava bene. In altre parole, *"non poteva scegliere"*, ma doveva adeguarsi "accettando gli ordini della famiglia". La paura e i dubbi erano tanti. Da qui la necessità, anche in questo caso, di accettare ciò che la vita presentava e lasciare la presa di quello che neppure ero riuscita a sfiorare, in quanto non mi veniva concesso.

Clexidre, invece, più evoluta e più libera, ha imparato ad aprire il proprio cuore; in pratica vuol dire "accogliere tutto ciò che può affiorare nella nostra vita, in qualunque momento, senza giudizi, senza preconcetti".

È proprio quello che testimonia la scrittrice Yvon Devoyet nel suo "Il segreto delle persone felici*", quando dice: *"Quando aprite il vostro cuore e vi abbandonate alla vita, create uno spazio di accoglienza a ciò che può arrivare, e accompagnate il fluire della vita..."*.

Dovremmo accorgerci di osservare ciò che sperimentiamo in noi e attorno a noi: divenire consapevoli delle dinamiche che creiamo e di quelle che vengono invece a formarsi intorno a tutto quello che la nostra esistenza manifesta, prendendone semplicemente atto, senza guardare ossessivamente solo al risultato da raggiungere, o soprattutto a quelli non raggiunti.

Con quest'atteggiamento ci prepariamo a nuove possibilità, senza troppe paure di non raggiungere le aspettative, perché la nostra scelta sarà di non averne, fatta eccezione per quella di essere comunque soddisfatti e appagati, qualsiasi siano i risultati che otterremo. Questo percorso di conoscenza può essere integrato e raggiunto solo partendo da una visione spirituale ed elevata delle nostre possibilità, e non dalla mente, dove la parte ombra vorrebbe ovviamente negarci il suo aiuto.

Concretamente, tutto ciò significa "lasciare la presa". Se stessimo pensando alle relazioni di coppia, specialmente se conflittuali o faticose da gestire, aprirsi a una visione di cuore potrebbe avere il significato di volersi aprire e accogliere l'altro/a *esattamente per quello che rappresenta e che è*. Significa accettarlo con i suoi aspetti meno luminosi e per quelli splendenti, donando la possibilità di esprimere il suo sentire così come i suoi bisogni.

*Edizioni "Il Punto d'Incontro".

Il passo finale è riuscire a raggiungere un punto dove entrambi si sentano autorizzati a scegliere di non entrare nella difficoltà, né nella paura dell'amore, autorizzandosi a vicenda ad avere spazio e a concederne, affinché ci si possa sentire insieme ma nello stesso tempo liberi, **non limitati dalla condizione d'amore che si sta vivendo**. Pur non condividendo una scelta, potremmo interessarci all'esperienza che l'altro/a vive, lasciandogli/le lo spazio per esprimersi, per farci capire la cosa che sta vedendo e che noi non riusciamo a scorgere, magari non esprimendo giudizi, ma creando uno spazio di apertura; otterremmo allora un miglioramento energetico del nostro rapporto (e questo vale sempre, e per ognuno di noi) milioni di volte maggiore rispetto a come sarebbe se avessimo ceduto alla paura, alla critica e al giudizio.

La disponibilità del cuore ci permette di accedere al perdono, che libera chi viene perdonato, ma anche chi perdona. Ritornando alla domanda iniziale "*Salvarsi o evolversi?*", per Clexidre evolversi ha significato uscire allo scoperto dalla zona comfort, incontrando dapprima la solitudine, per poi imparare a relazionarsi con essa, fino a sviluppare una coscienza dell'abbon-danza e della prosperità. Io, invece, scelgo di lavorare sulle mie risorse e sulla mia consapevolezza, quella della mia coscienza.

L'universo è abbondanza, e quest'abbondanza si presenta a noi in ogni momento, magari per coltivare l'accettazione di ciò che è o si è, pur rimanendo aperti a tutto quanto di nuovo possa manifestarsi in ogni istante. Alimentare la credenza che nulla sia impossibile è necessario, poiché spesso a limitarci è solo la nostra mente.

Saper donare in un'energia di condivisione, e solidarietà, ci farebbe sentire più ricchi di come ci sentivamo prima di avere messo a disposizione una parte di quello che era nostro.

Accade allo stesso modo di quanto volentieri apriamo le porte della nostra casa ai nostri amici, cercando da quel momento di fare loro piacere in mille modi possibili. Esprimere gratitudine per tutto ciò che viviamo ci permetterebbe di iscriverci a voler ancora ricevere molto. Indipendentemente dalla strada che scegliamo per accedere alla felicità, tutto passerà attraverso una parte profonda e inconsciamente consapevole di noi.

All'interno della "casetta interiore", in questo spazio, l'ego non avrebbe più potere su di noi. Questa metafora della "casetta interiore" non è naturalmente solo una mia esclusiva. Anche voi potete prendere possesso della vostra, *denominando questo spazio nel modo che sia più vicino alla vostra comprensione*, e arredarla a vostro gusto, in una maniera che ve la faccia sentire intimamente al sicuro, e dove possiate contattare in qualsiasi momento il vostro essere profondo, la vostra essenza.

Ciò che Eckart Tolle definisce "coscienza pura" è una coscienza che solo noi possiamo sentire; è una forza silenziosa, da cui si diffonde un senso di pace, d'amore e di libertà. Se le emozioni primarie sono l'amore e la paura, noi trascorriamo una parte predominante della nostra vita, in ogni nostra giornata e in molte delle situazioni che affrontiamo in ogni ora, prediligendo una frequentazione privilegiata con la paura piuttosto che con l'amore (del quale abbiamo una paura boia).

Eppure in *"Cambia subito la tua vita"* di J. Demartini, si dice che, tra due emozioni opposte, vi è sempre comunque un punto centrale di amore.

Quel punto è rappresentato dalla mano che tiene il fazzoletto quando giocavamo a "ruba bandiera". **Quel punto centrale è ciò che ogni essere umano sarebbe già di per sé, in quanto essere divino, ma che purtroppo, non essendone cosciente, continua a cercare come per volerne disperatamente raggiungerne lo stato.** Quello che sarebbe il nostro obiettivo finale è l'amore realizzato, che noi ne siamo coscienti o meno.

Allo scopo di sabotare questa ricerca già alla base, spesso ci convinciamo addirittura di essere alla ricerca di qualcos'altro. In questo caso, ovviamente, il percorso è già sabotato in partenza; sarebbe veramente difficile e casuale se riuscissimo comunque a trovare quello che non cerchiamo. Capita però che, grazie a Dio, l'amore è in ogni cosa, nella totalità delle nostre esperienze.

Per cui, sebbene il giro che faremo per non trovarlo sia tortuoso, fuorviante e complicatissimo, alla fine può capitare di trovarlo anche se non lo volevamo; o meglio, capita che sia l'amore a trovarci anche se c'eravamo persi.

Per Demartini* lo scopo della relazione è, da un lato, quello di sgretolare le barriere che ci impediscono di riconoscere l'amore già presente, dall'altro quello di esprimere l'amore del quale siamo in definitiva costituiti. È quello che diceva Rumi quando affermava che, se vuoi trovare l'amore, non lo devi cercare, ma trovare le barriere erette per non farti raggiungere da lui e abbatterle. Comunque, con chiunque decidessimo di costruire qualcosa a volte troveremo sostegno e a volte contrapposizione, così che la stessa frequentazione e la stessa esperienza che ci vede condividere il percorso possano risultare a tratti piacevoli e a tratti faticose.

*Dott. John Demartini: scrittore, fondatore di una scuola di filosofia, e conferenziere di fama internazionale.

Più che la felicità, sembrerebbe che ciò che più ci preme sperimentare in una relazione sia apprendere a muoverci in un certo equilibrio, una specie di combinazione tra felicità e tristezza. Accade come nel surf, dove troviamo la forza delle onde che dobbiamo comunque imparare a cavalcare, se non vorremo cambiare sport. Una volta sperimentato, questo equilibrio pare essere ciò che sembravamo cercare.

Niente fa totalmente bene: perfino un eccesso di una sostanza vitale come l'acqua può essere deleterio, così come nulla fa totalmente male.

Se la nostra volontà di essere felici esclude a priori la possibilità di sperimentare anche la tristezza nella nostra ricerca, realizzeremmo soltanto una parte di ciò che ci dovrebbe completare.

Per buona parte del secolo scorso, i due rubinetti in un lavandino erogavano l'un acqua calda e l'altra acqua fredda; solo all'avvento dei miscelatori si ottenne una perfezione semplice che permise a ognuno di comporre l'equilibrio del calore desiderato. Forse era l'acqua tiepida quella che cercavamo?

Proprio partendo da questi principi Demartini ha inventato un metodo rivoluzionario chiamato "Metodo Demartini", o "Processo di collasso quantistico", che mi ha offerto la possibilità di guardare alla difficoltà da altre prospettive. Lui sostiene che i nostri sensi sono bipolari e duali, e che per funzionare necessitano di un certo squilibrio.

Tutti noi viviamo nel dualismo: abbiamo una parte che ci tira su, e un'altra che ci porta verso il basso. I nostri muscoli, tutti i nostri organi e le nostre cellule funzionano in questo modo, sulla base di contrazioni e conseguenti rilasci.

Nessuno potrà mai innalzarci o atterrarci più di noi stessi, perché nessuno potrà mai pensare a noi per più tempo, o in modo più intenso, rispetto a quanto possiamo fare noi. Nelle tue relazioni, a te non capita di essere a volte felice e a volte triste? Se sei convinto che le tue relazioni non stiano funzionando, perché a volte sei triste, non stai considerando il quadro totale della situazione.

Quando sei triste, potresti approfittare per ricordarti che, in qualche modo, non hai il pieno controllo della tua vita, e che stai semplicemente guardando alcune parti di te che non hai ancora apprezzato, e magari neppure mai provato ad amare.

Gli altri esprimono cose che in realtà noi ci aspettiamo da loro, e quindi fanno già parte di noi stessi. Non sono loro a renderci vittime, ma noi stessi, aspettandoci quel genere di energie e reazioni per nutrirci di esse. Quando qualcuno reagisce a ciò che facciamo, non sta facendo altro che riflettere una parte repressa di noi stessi.

Non sono gli altri a renderci vittima: gli altri non fanno altro che riflettere ciò che noi siamo. Se non riusciamo ad accettare che l'amore è composto da due aspetti, ci sentiremo sempre amati e voluti parzialmente. Si tratta di giocare facendo prevalere le due parti, a seconda della situazione. Il trucco del gioco è padroneggiarlo.

Esiste un pensiero positivo euforico e un pensiero negativo depresso: a metà tra questi due estremi c'è il pensiero presente amorevole. Chi cerca di essere positivo verso tutti, a casa e nel mondo, finisce per negare se stesso. Se, ad esempio, cerchi di crearti una facciata per il mondo che ti dica quanto tu sei positivo e ottimista, ci sarà caos nella tua vita privata o nella tua salute personale.

La natura lo sa: l'ordine divino utilizza circostanze umilianti e premianti per assicurarsi che tu non ti allontani troppo dal centro del tuo cuore. Tu non sei la vittima; sei il creatore del tuo processo di guarigione, e determini il tempo necessario alla guarigione a seconda di quanto rapidamente riesci a imparare questa lezione.

Noi siamo qui per essere individui unilaterali; siamo qui per accogliere entrambi i lati di noi stessi. Tutte le persone fuori di te sono un riflesso e una parte di ciò che hai dentro. Amati abbastanza da amarle. Non esiste nient'altro che l'amore: tutto il resto è illusione. Il potere di trasformare la tua vita è nel tuo cuore. Hai bisogno solo di coraggio per aprirlo.

PARTE QUARTA

Quando Essere Soli è
Essere Completi...

Capitolo Tredici

SE SEI (O TI FAI) LUCE
NON HAI PAURA DEL BUIO...

"Noi possiamo perdonare un bambino che ha paura del buio:
la vera tragedia della vita si ha quando
gli uomini hanno paura della luce.* "

Non avere paura! Quando si perde di vista la propria persona, le proprie esigenze e i propri bisogni, talvolta si accetta totalmente quello che vuole un'altra persona, anche se si chiama marito o si chiama moglie. È l'esperienza che ha portato in studio una cliente intorno ai quarantacinque anni, che aveva una situazione problematica nella sfera sessuale con il marito.

Allo scopo di risolvere, lui aveva proposto di visitare un privè o di iscriversi a un sito di scambisti. La signora si era spaventata e si era tirata indietro di fronte all'intraprendenza del marito, che già aveva preso contatti con coppie interessate a incontrarli. A queste resistenze il marito le faceva notare che, più il tempo passava, meno attraenti sarebbero stati, e meno possibilità di interessare altri ci sarebbe stata. La signora era combattuta; ma piano piano arrivò a incuriosirsi e ad accettare di visitare dei privè, solamente da spettatrice.

Una sera, mentre erano seduti sui divani, gli animatori annunciarono che ci sarebbe stato uno spettacolo. Una ballerina aveva cominciato a ballare, dapprima normalmente; si era poi però seduta sicura proprio sulle ginocchia del marito, invitando la signora a partecipare a una specie di menage a trois.

**Platone.

Quindi lo spettacolo sarebbe stato interpretato non da altri ma proprio da loro. A quel punto la signora si era irrigidita e non aveva voluto più partecipare a nessun tipo di situazione che non la rappresentava. In quel momento lo aveva capito: non vi era nulla che le potesse interessare. Il marito si era infastidito e aveva detto che, a quel punto, non valeva più la pena tornare ancora. In quello che faccio nel mio studio, il giudizio naturalmente non ha nessuna possibilità di essere ospitato.

Come ogni luogo, il privè non è in sé giusto o sbagliato. Il punto è quanto si sia consapevoli di non voler solo accontentare qualcuno senza desiderarlo davvero, ovvero quanto ci sia la volontà di annullarsi per permettere all'altro/a di stare bene e realizzarsi, magari non perdendolo/a, e quanto invece sia una scelta condivisa e voluta insieme. Spesso, in queste occasioni, accade che la paura di restare soli fa perdere di vista quello che vorremmo, o che siamo disposti a sacrificare, per non restare soli.

Nel mio viaggio ho incontrato il sole, ma anche il vento, le nuvole, una dolce pioggia, e ho ascoltato il rumore tenue delle foglie; dalla mia camera, quel giorno in cui il tempo è diventato oscuro, non c'era buio, e Clexidre era impegnata a scrivere, per poi raccontare a Tiberio quello che stava vivendo. Ho pensato: "La mia vacanza non è quella che pensavo". *Che dispiacere la pioggia...* Per provarci, la mia parte ombra era venuta a trovarmi per dirmi: "Hai visto? Sei l'unica da sola". Il tempo passa, quasi a farmi sentire nella mancanza, nella carenza di qualcosa o di qualcuno.

Ma Clexidra quella volta era preparata e, invece di intristirsi, ha reagito dicendosi: "*Mica tutti hanno la mia fortuna di essere qui a scrivere, e di poterlo fare circondata da questo panorama*".

La natura spesso è lì che ci guarda, ma noi siamo quasi sempre occupati a pensare che siamo "soli", che magari saremo felici unicamente quando faremo la conoscenza di una persona capace di comprenderci. Clexidre ha capito, però, che la natura e l'universo stessi la completano. E che completamento!

Questo non significa che nella sua vita non ci si attenda di fare un incontro importante, ma lei sa troppo bene che cosa non vorrebbe da una relazione. Da un meraviglioso intenso e attento lavoro su se stessa, anche Carmen ha capito le sue fragilità e i suoi punti di forza. *Nel silenzio delle Maldive ha sentito di essere completa, di amarsi nonostante tutto.* Senza paura!

La paura è un'emozione legata all'istinto di sopravvivenza. Non dobbiamo, quindi, avere mai paura di esprimere noi stessi e ciò che proviamo, anche quando può fare male, perché siamo molto più forti di quanto pensiamo. Smettiamo di avere paure inutili che possono ostacolare la nostra libertà emotiva!

Con questo non vogliamo dire che dovremmo cancellare tutte le paure, perché in alcuni casi la paura è positiva e ci salva la vita. Vogliamo dire che non dobbiamo mai lasciarsi bloccare dalla paura, ma che dobbiamo affrontarla e superarla, quando ci è possibile, per continuare a vivere al meglio.

Quando conobbi Elettra (nome di fantasia), mi portò una storia speciale. Sentì di dover fare una premessa, partendo dalla sua adolescenza. Raccontò che fin da piccola trascorreva le vacanze al mare, si divertiva con le sue amiche ed era una ragazza spensierata.

Un giorno incontrò nel suo palazzo un ragazzo che la guardava con piacere. Entrambi si regalavano i loro "sguardi". L'estate finì: forse la paura, o la timidezza, avevano preso il sopravvento sul coraggio? Non riuscirono a conoscersi.

Terminata l'estate, Elettra tornò a casa. Nell'autunno il papà le portò una lettera: quanta emozione provò Elettra quando scoprì che il mittente era Alberto, il ragazzo che non aveva avuto il coraggio di presentarsi!

Da quel momento cominciò, per un certo periodo, una relazione epistolare. Trascorsi alcuni anni, nuove conoscenze e distrazioni li portarono a interrompere la loro comunicazione.

Passarono altri trent'anni, quando nel 2013 Elettra, aprendo facebook, scoprì che Alberto le chiedeva l'amicizia. Lei naturalmente accettò, e da quel momento iniziarono un nuovo dialogo. La cliente era felice di averlo ritrovato. Parallelamente, tutti e due si erano sposati.

Elettra mi riportò le difficoltà che da tempo viveva nel suo faticoso rapporto di coppia. Entrambi sono imprenditori, e lei ammetteva che c'è sempre stata poca condivisione tra loro, fin dai primi anni di matrimonio, e scarso coinvolgimento emotivo. Avrebbe voluto essere accolta, ascoltata, compresa; la difficoltà principale alla base era la comunicazione, come spesso accade nelle relazioni. Durante il percorso di crescita personale con me, lei si riconobbe la scoperta della fatica nel comunicare con Piergiorgio. A volte mi sembrava che "gettasse la spugna"; forse la sua fatica era quella di non credere abbastanza in lei. Abbiamo cercato di lavorare sul tema dell'autostima.

Lei, nel tempo, provò a far capire al marito che sarebbe stato utile condividere qualche fine settimana insieme, vedere qualche mostra, avere qualche amicizia in comune. Purtroppo, forse la poca buona volontà di lui, e forse gli impegni di lavoro, portarono Elettra a scegliere le amiche o la solitudine.

Piergiorgio aveva cercato di farle capire che lei non era abbastanza dolce, che a lui mancava ad esempio la carezza, l'abbraccio. In quel momento la cliente comprese che la sua difficoltà era legata alla sua infanzia, poiché anche la sua mamma era stata anaffettiva con lei; così, non avendo ricevuto le "coccole", queste non erano il suo canale preferenziale. Nonostante tutto, aveva cercato di essere attenta per quanto possibile, prendendosi cura di lui. Elettra, a volte, reprimeva una carezza verso Piergiorgio, perché per lui voleva dire consumare un rapporto sessuale, mentre lei avrebbe desiderato restare abbracciati; non era stata mai capace di "chiedere", piuttosto rinunciava.

Lei riconobbe che Piergiorgio ha uno spirito imprenditoriale, e che l'aveva aiutata ad affrontare le sue paure, incoraggiata sostenendola nei suoi punti di forza, valorizzando la sua evoluzione. Elettra si era sposata per amore; lui le piaceva in tutti i sensi. Ricordò che, dopo il viaggio di nozze, le era stato diagnosticato un tumore che avrebbe compromesso un'eventuale maternità; anche se non si era sposata per avere dei figli, la cliente aveva lasciato libero il marito di scegliere se restare con lei, pur dovendo rinunciare a diventare padre. Lui aveva voluto condividere la sfida insieme.

Dopo un anno lei riprese in mano la sua vita, ritornando a lavorare. Scelse di dare quasi tutta la sua energia, la sua vitalità al lavoro. La cliente, ripensandoci, ammise che nella coppia il loro equilibrio era fondato sul rispetto dei reciproci spazi e sulla libertà. Lavorò su se stessa, cercando di riconoscersi il suo valore come persona. Nel tempo cercò di contattare telefonicamente Alberto, e scoprì che il parlargli insieme la faceva stare bene. Contemporaneamente scoprì che Piergiorgio aveva una relazione con un'altra donna.

Condivise la scoperta con alcune sue amiche e con Alberto, essendo lui un abile ascoltatore. Decisero di incontrarsi dopo trent'anni, al mare, nello stesso posto dove si erano incontrati da adolescenti. Iniziò l'amore, fatto di passione, ascolto, condivisione. La cliente si sentiva libera e si autorizzava a vivere la storia, visto la scoperta del tradimento da parte del marito; Alberto, invece, essendo sposato in apparenza felicemente, viveva un grande conflitto interiore. Considerava la moglie "una brava persona", anche se la donna che voleva era Elettra.

Nel tempo, Alberto si rivelò avere alcuni tratti borderline, e soprattutto giudicante: proiettava su Elettra quello che era lui dopo che si vivevano. Era ossessionato dai sensi di colpa verso la moglie, e colpevolizzava Elettra; lei si sentiva giudicata, e tutto quello che avevano vissuto si trasformava ormai "in un inferno".

Elettra aveva capito che era diventato un rapporto quasi di dipendenza. Lei era nel bisogno, con una bassa autostima: ogni cosa che diceva Alberto la faceva soffrire. Si sentiva sbagliata, al punto che era arrivata a credere che "sarebbe potuta stare bene anche nella sofferenza" che lui le procurava. Cercai di lavorare con lei su cosa vuol dire nel concreto *dimenticarsi di lei-abbandonarsi*", attraverso il giudizio lapidario che lui esercitava nei suoi confronti. E in lui c'erano due parti che bisticciavano tra loro: da una parte la desiderava, dall'altra la giudicava, reprimendola.

Attraverso alcuni esercizi la cliente comprese che forse quello non era "amore". Lui era ossessionato dall'avere una relazione extra coniugale, così decise di interromperla. Elettra provò allora a riprendere in mano la sua vita, accettando di farsi seguire da un terapeuta e prendendo in considerazione la possibilità di perdonare il marito e ricominciare.

Cercarono di lavorare sulle reciproche mancanze; lei era destabilizzata, faceva fatica a dargli fiducia. All'inizio lui fu molto attento verso di lei, e in tal modo si riguadagnò la fiducia della moglie, la quale imparò a lasciare andare. Dopo due anni Alberto la cercò: aveva ancora l'esigenza di sentirla. Elettra aveva paura di incontrarlo, poiché temeva che, rivedendolo, lui fosse frustrato e potesse anche farle del male. La cliente mi raccontò il tutto e mi chiese di poterlo ascoltare, poiché questi aveva espresso il desiderio di potermi parlare. Facemmo qualche colloquio insieme.

Compresi che lui voleva incontrare la cliente per comunicarle alcuni dei suoi cambiamenti. Si incontrarono. Elettra sentiva di essere cambiata, non è era più la donna di un tempo; riuscì a comunicargli che avrebbe potuto mantenere un'amicizia, ma nulla di diverso. Allora fu lui che scelse di farsi aiutare, in quanto comprese di essere dipendente da lei.

Dopo il percorso riuscì a incontrarla per dirle che nel passato avrebbe voluto viverla con leggerezza, senza sensi di colpa, e le riferì che non stava bene. Purtroppo in pochi mesi lui si ammalò davvero e si aggravò velocissimamente; nonostante tutto, lei cercò di starle vicino con qualche telefonata.

Una sera arrivò un messaggio da parte di Dorotea, la moglie di Alberto, in cui le comunicava che lui era gravissimo; voleva farglielo sapere, in quanto era al corrente dell'affetto che provava per Elettra. La cliente restò vicino a Dorotea.

Dopo qualche giorno, prima che scoppiasse la pandemia, lui se ne andò. Dorotea si ritrovò da sola, nella sofferenza e senza un conforto.

Elettra, anche se lontane, cercò di sostenerla, attraverso i messaggi. Non sapendo fino a che punto Alberto le avesse raccontato della loro storia, lei non si era mai sbilanciata a parlare di loro; ma era sottointeso che Dorotea sapesse qualcosa, visto che aveva accettato la sua amicizia dichiarando "in fondo l'abbiamo amato tutte e due".

Dopo la Pandemia sentirono l'esigenza di incontrarsi e coltivare l'amicizia. Molte volte non è così importante quello che succede, ma ciò che riusciamo a trarre come insegnamento dall'avvenimento. In questo caso i sensi di colpa avevano assunto un ruolo da protagonisti, con tutto ciò che ne è conseguito. Spesso, il perdono è l'azione più importante che ci ritroviamo a poter esprimere di fronte a cose che non ci sono piaciute.

Qualcuno di molto autorevole dice che non c'è niente che non stia funzionando che non abbia a che vedere con un'assenza di perdono in atto, e che non c'è nulla che non possa migliorare applicando e manifestando una buona azione di perdono. La paura è sempre una pessima consigliera. Come possiamo simboleggiare una situazione, al fine di ricordare e riprogrammare le nostre credenze al riguardo?

Se dovessimo pensare a un animale che può interpretare più di altri quel sentimento, molto probabilmente i nostri pregiudizi ci convincerebbero a scegliere il coniglio, poiché nel nostro immaginario collettivo è l'animale da sempre scelto per trasmetterci la mitezza della rinuncia alla difesa*.

Come sappiamo, però, l'assenza di difesa è spesso una dimostrazione di forza, forse la più potente che esista. Tanti anni fa registrarono uno spot pubblicitario in cui vi erano un coniglio e un serpente boa, divisi da una lastra di vetro.

Nella registrazione, il boa avrebbe dovuto presumibilmente uccidere il coniglio. Tutte le ragazze dello studio televisivo in cui sarebbe avvenuta la registrazione si erano coalizzate contro la produzione, per cercare di impedire l'esecuzione ineluttabile, mostrando con forza la loro riprovazione, fino ad arrivare a minacciare uno sciopero che avrebbe probabilmente paralizzato la produzione della registrazione.

Le leggi del mercato furono però più forti... Per cui, al momento in cui la lastra di vetro fu rimossa, solo quei pochi che non avevano chiuso gli occhi poterono vedere l'inimmaginabile: in una mossa fulminea fu il coniglio a uccidere il serpente, con un unico morso alla testa. Eppure il coniglio è l'animale che più simboleggia il sentimento della paura: teme la lince, il coyote, l'aquila (e, anche se non si direbbe per quanto avvenuto in quel caso, i serpenti), tutti esseri viventi che attira continuamente, inconsapevolmente.

Il coniglio è uno dei quarantaquattro animali totem* dei nativi americani. Nella loro tradizione, il coniglio non è assolutamente un simbolo di paura: lo è invece addirittura della fertilità. E, essendo un essere indifeso, è stato aiutato dal Grande Spirito che gli ha donato un'agilità, una velocità e una capacità di nascondersi e mimetizzarsi superiore di gran lunga ad altri animali.

Inoltre, poiché è dotato di grande fiuto, è in grado di avvertire pericoli imminenti. E, dato che i piccoli conigli nascono già con gli occhi aperti, i nativi americani credono che, a differenza di quasi tutti gli altri animali, abbiano la capacità di tenere a distanza il diavolo. Questa diversità di considerazione di saggezza popolare indiana ci aiuta ed esorta ad affrontare le nostre paure in maniera diversa.

*https://www.greenme.it/salute-e-alimentazione/psicologia/leggendaindiana-coniglio-affrontare-paure/.

Seguendo l'elaborazione di tale pensiero, potremmo scegliere di valutare in maniera diversa il messaggio che lancia quest'animale: pur essendo portato per sua natura a essere pauroso, riesce a cavarsela grazie al suo istinto di sopravvivenza.

Molti sono spaventati dalla possibile felicità duratura che potrebbero incontrare, e dallo sconosciuto futuro che potrebbe farcela incontrare. Il motivo è contemporaneamente semplice e paradossale: se nel passato ce la siamo sempre cavata senza grandi fortune, e siamo quindi sopravvissuti a tutte le vicissitudini, malattie, incidenti e imprevisti di ogni tipo, che cosa potrebbe invece accaderci se tutto ciò si trasformasse in una fortuna costante composta da amore, abbondanza e salute?

Ecco perché il futuro ci spaventa: attenterebbe alle nostre zone di comfort. Pochi possono rassicurarci sul futuro, a ragion del fatto che nessuno di noi c'è mai andato. Nessuno? No. Qualcuno sembrerebbe averlo fatto: il suo nome è Paul Dienach.

Era nato a Zurigo nel 1884, e aveva dedicato la sua intera vita allo studio e all'insegnamento.

All'improvviso, nel 1917 si ammalò di encefalite letargica: un morbo che lo fece cadere in un profondo stato di sonno, che durò inizialmente alcune settimane, poi si protrasse per mesi. Se all'inizio Dienach dormì "solamente" due settimane, è nel 1921 che accadde qualcosa di diverso. L'uomo, quella volta, rimase in stato comatoso per circa un mese. Al suo risveglio contrasse la tubercolosi e fu costretto a trasferirsi ad Atene, dove un clima più salubre lo attese e lo aiutò.

Lì, all'università, iniziò a insegnare francese e tedesco a Georgios Papachatzis, in seguito eminente professore di diritto e giurista del Consiglio di Stato greco, che diventò il diretto testimone del suo incredibile viaggio.

Nel 1924 infatti, quando sentì avvicinarsi la morte, Dienach tornò in Svizzera, ma lasciò al suo allievo dei misteriosi dossier. Composti da ottocento pagine, quei particolari diari furono tradotti dallo stesso Papachatzis, che li pubblicò cinquant'anni dopo.

Tra queste pagine c'è un racconto sconvolgente: mentre era in coma, nel 1921, Dienach si era risvegliato nel futuro, precisamente nel 3905, con il corpo di un altro, tale Andreas Northam, vittima di un incidente con una macchina volante.

Ricoverato in ospedale, l'insegnante si era accorto di non saper parlare la lingua dei medici e infermieri, realizzando di trovarsi in un luogo particolarmente strano. Trasferendosi in un'altra zona di ricovero, piano piano Paul Dienach apprese cosa era accaduto all'umanità nei duemila anni precedenti. Il XX e il XXI secolo sarebbero stati anni terribili funestati da guerre mondiali, con il consumismo che avrebbe distrutto l'umanità e la natura. Il potere sarebbe stato nelle mani di un Nuovo Ordine mondiale.

Nel 2309 il pianeta sarebbe stato quasi del tutto raso al suolo da una bomba nucleare; gli uomini rimasti sarebbero migrati, mentre la loro vita spirituale sarebbe andata via via a perdersi. Solo nel 2894 sembrerebbe esserci stata una rinascita, un vero e proprio Rinascimento che sarebbe cominciato tra la Grecia e la Macedonia in un territorio chiamato Valle delle Rose.

Lì sarebbe sbocciata una nuova spiritualità, mentre un governo più saggio e oculato avrebbe governato con saggezza la Terra: tutti si sarebbero poi sentiti parte del mondo, con nessuna differenza tra le nazioni.

*https://www.lascimmiapensa.com/2022/05/31/il-futuro-maistato-cosi-vicino-paul-dienach-strabiliante-viaggio/.

Con il 3382 tutto sarebbe passato a una fase ancora migliore e, superando il dolore, si sarebbe arrivati a concepire un'inedita spiritualità raggiungibile.

Vero, non vero? Certo, sarebbe rassicurante credere che alla fine non ci sarà una vera fine, ma solo e ancora una continuazione di tutto ciò che i migliori di noi avevano auspicato.

Capitolo Quattordici

LA SOLITUDINE È IL NOME DEL LUOGO
DOVE ABITA LA TUA DIVINITÀ...

"Cantate e danzate insieme e siate felici,
ma fate in modo che ognuno di voi sia anche solo,
come sono sole le corde di un liuto,
sebbene vibrino alla stessa musica."

È la psicologa Amy Johnson. Mi ha aiutata a comprendere e superare qualche cattiva abitudine indesiderata, e contemporaneamente a farmi migliorare consapevolmente sul fatto che ci siano abitudini automatiche che, se non stiamo attenti, scatteranno in maniera depotenziante.

La dottoressa si è basata sui più recenti risultati delle neuroscienze, ricordandoci che possiamo imparare a non identificarci con le nostre abitudini e dipendenze. Johnson parte dalla spiegazione di come comprendere tre principi legati alla mente, al pensiero e alla coscienza universale. Qualche tempo fa, ho letto il suo: "*Il piccolo libro per cambiare vita**"*.

Da quei racconti si percepisce come i suoi clienti siano stati capaci, con gradualità, di abbandonare le loro abitudini, perchè avevano ricevuto delle informazioni in grado di fornir loro la consapevolezza necessaria per affrontare il problema dal suo interno.

Quelle persone, in primo luogo **non hanno visto nella dipendenza una malattia, ma qualcosa che ha le sue fondamenta basate su come le abitudini si formino** e si alimentino all'interno del cervello.

*Khalil Gibran.
**Newton Compton Editori.

Questa nuova consapevolezza mi ha fatto fare un tuffo nel mio passato, poiché un tempo il dialogo interiore che si attivava dentro di me era: "*Dai, tanto lo sai che non puoi cambiare...*". Si tratava ovviamente di un'abitudine automatica e depotenziante.

Alcune di esse sono molto "antiche" poiché hanno origine in una parte evolutivamente primitiva del cervello. Questa parte ancestrale è formata dal cervello limbico (che l'uomo ha incontrato una volta soddisfatti i propri bisogni primari) unitamente al precedente cervello rettiliano, atto a occuparsi prettamente e unicamente di sopravvivenza, ricevuto in dote ancora prima, agli esordi dell'uomo sul nostro pianeta, con il quale forma il nostro cervello primitivo.

Il cervello rettiliano si è fatto carico di risolvere alcuni dei bisogni primari dei primi uomini, utili a mantenerci in vita, tipo il procurarci il cibo cacciando, occupandosi di proteggersi e di poter così continuare a vivere. Attacco fuga o fingersi morti erano le uniche opzioni previste, a seconda delle dimensioni dell'animale incontrato. Se era più piccolo veniva trasformato in cibo, mentre se era più grande lasciava soltanto le altre due possibilità: "fuggire o fingersi morti", speranza che derivava a causa del disinteresse che alcuni predatori provano nei confronti di animali già morti.

Il cervello limbico è una specie di aggiornamento ricevuto dal genere umano, una volta che l'uomo era divenuto capace di soddisfare il proprio bisogno di alimentarsi, avendo appreso ad allevare animali e a coltivare ortaggi.

Da quel momento, avendo "già mangiato", l'uomo ha sentito il bisogno di aprirsi agli altri anche in momenti ludici e divertenti, come fare musica e recitare, fare poesia, incontrarsi e consumare rapporti sessuali in maniera meno animalesca e più fantasiosa: ecco le funzioni del cervello limbico.

Oltre i due cervelli primitivi, troviamo il cervello superiore o corticale, dove la parte conscia decide di dare ascolto ai pensieri che si trasformano in impulsi. Noi non siamo solo i nostri pensieri, poiché spesso questi non rispecchiano il mondo intorno a noi, ma anche le nostre percezioni; e, soprattutto, esse cambiano continuamente.

Ciò ci induce a voler prendere le distanze dalle nostre consuetudini. Infatti, comprendendo questo meccanismo, poco per volta le abitudini hanno perso il potere su di me.

Un tempo, le mie abitudini riguardanti un'alimentazione incontrollata determinavano le mie scelte nelle relazioni sociali, e non solo, perché dettavano legge sulla mia voglia di uscire oppure no. Alcuni cibi influenzavano in maniera importante il mio umore... e mi portavano a isolarmi dagli altri. È capitato anche a te di preferire un appuntamento con la scatola di biscotti nell'armadio piuttosto che l'uscire con qualcuno?

Analizzando vari argomenti attuali e particolarmente sentiti dai giovani, ho avuto modo di percepire quanto siano cambiate le ragioni dei disagi. Crescere in famiglie arcaiche ospitanti nonni e zii o zie non sposate, con vicini autorizzati ad arrivare in casa nostra a qualsiasi ora (che ci invitavano a fare altrettanto), dove l'uomo era veramente "un animale sociale", faceva sì che un tempo fosse quasi impossibile sentirsi soli. Era come diceva il filosofo greco Aristotele in "Politica": gli individui tendono ad aggregarsi con altri simili e a convivere in società.

Che sia per una questione egoistica (cioè sfruttare i vantaggi derivanti dall'interazione con gli altri) o per un istinto primario dell'uomo, sulla questione si sono scritti innumerevoli saggi sociologici, antropologici e scientifici: è innegabile che lo stare con gli altri, la condivisione e i sentimenti come l'amicizia o l'amore ci rendono vivi, e sono una parte fondamentale del nostro essere*.

Tuttavia, la solitudine non corrisponde necessariamente alla tristezza o allo stare da soli: ci si può sentire tristi e soli anche se costantemente circondati da persone o, al contrario, essere perfettamente felici in solitudine. La solitudine è spesso mal gestita, poiché potrebbe anche avere una sua valenza positiva, in quanto uno dei mali della troppa socialità è il fatto di avere sempre bisogno dell'altro per sentirsi completi e appagati; spesso si ha paura a restare da soli.

Dedicarsi dei momenti alla cura di se stessi, in cui fare qualcosa in autonomia, coltivare un hobby, trascorrere del tempo senza nessun altro è altrettanto importante per rilassarsi, imparare a conoscersi, per riflettere e capire chi siamo veramente.

"Imparare a sopportare la solitudine è una fonte di felicità", diceva Schopenhauer. Infatti, soltanto nel momento in cui si è in grado di vivere da soli e in pace con se stessi è anche possibile vivere a pieno il rapporto con gli altri, senza che questo crei dipendenze malate o ci schiacci, magari portandoci a emularli per il rischio di essere lasciati in disparte. Quale solitudine più grande di questa ci può essere?

Imparare a vivere in solitudine ci permette anche di non percepire questa condizione come triste; se malvissuta, e non apprezzata come esperienza positiva, la solitudine può portare a stadi di malumore, angoscia, disperazione, fino alla depressione, che è un disturbo molto serio.

*https://www.studentville.it/studiare/tema-sulla-depressione-e-la-solitudine/.

La solitudine non deve coincidere con l'isolamento o l'estraniamento dalla società: ripiegarsi su se stessi è talora comodo, ma aprirsi al mondo e agli altri, seppure a volte faccia paura, è una sfida che dobbiamo correre, ed è necessario credere che alla fine troveremo sempre qualcuno a tenderci la mano.

Molti amano stare da soli: passeggiare tra sé e sé, magari osservando un tramonto, cogliendone la bellezza senza distrazioni, o ascoltando il fruscio del vento nel totale silenzio, o semplicemente "sentendo" un brano di musica sdraiati sul letto, o ballando senza paura di risultare ridicoli. Sono momenti in cui apprezzi la vita e ami e accetti te stesso/a.*

La solitudine non va demonizzata, ma va imparata a conoscere, in quanto ci permette poi di vivere con serenità il rapporto con gli altri, senza mai rinunciare a noi stessi. L'importante è che la solitudine non diventi uno stato mentale da cui pensiamo di non potere uscire, e che il mondo là fuori sia solo un luogo ostile. Un'altra occasione che la solitudine offre è "Cambio di attitudine mentale".

Noi spesso ci approcciamo alla vita con questa domanda: che cosa posso prendere da qui? Cosa mi dà questa relazione? Come posso fare la differenza in questa vita? È positivo passare da "Che cosa posso prendere da questa vita" a "Cosa posso dare?". In questo modo cambia anche l'energia. E spesso tali considerazioni avvengono quando il nostro campo magnetico ed energetico non è influenzato dalla presenza degli altri, e quindi alterato e inevitabilmente mutato dai loro stimoli, dai loro progetti, dalle loro delusioni, dalle loro idee.

*https://www.studentville.it/studiare/tema-sulla-depressione-e-la-solitudine/.

Come superare la solitudine? Se sapete che da un lato la solitudine vi fa bene, ma che d'altra parte inizia dopo un po' di tempo a starvi stretta, provate a farvi coraggio per superarla. *Cercate di non rimanere bloccati nel passato.* Ciò che abbiamo fatto in precedenza ormai è stato superato, e sono arrivati dei nuovi giorni da dedicare al cambiamento.

E se la nostra percezione di solitudine fosse legata alla scarsa autostima*? In quel caso varrebbe la pena di fare un elenco di tutti i nostri successi nella vita, e rileggerlo ogni volta che ci sentissimo abbandonati.

Proviamo ad abbandonare il perfezionismo; riconosciamo il nostro valore e cerchiamo di vivere in base alle nostre aspettative personali, non a quelle degli altri. Quando vogliamo avvicinarci agli altri, non dovremmo avere paura di esprimere i nostri sentimenti.

Ogni volta che riusciremo a ritenerci meritevoli dei doni che la vita e che le altre persone possono offrirci, la nostra solitudine diminuirà.

La solitudine ha in sé un lato buono, un vantaggio davvero grande: aumenta la nostra resistenza e la nostra capacità di superare gli ostacoli. Quando siamo soli, e nessuno ci aiuta, impariamo a riconoscere i nostri limiti e le nostre debolezze, e riduciamo il grado di dipendenza dagli altri. È vero: essere soli può diventare frustrante e creare grande ansia, ma la solitudine ha anche un grande potere di guarigione. Potremmo imparare a pensare che la nostra vita può essere felice e completa anche senza la presenza di una persona al nostro fianco. Si tratta di un pensiero che accresce l'autostima e la consapevolezza del proprio valore individuale. Abbiamo paura di rimanere soli e vorremmo riavvicinarci agli altri?

*https://www.greenme.it/salute-e-alimentazione/psicologia/vincere-paura-restare-soli-solitudine/.

Se volessimo uscire dalla nostra situazione di solitudine, dovremmo ricominciare ad avvicinarci agli altri. Anche quando preferiamo rimanere soli per molto tempo, cerchiamo di non isolarci completamente dal mondo, e non perdiamo l'abitudine di uscire e di interagire con le persone, pur qualora si tratti semplicemente di conoscenti. Il nostro periodo di chiusura verso gli altri potrebbe averci fatto perdere delle occasioni di stringere amicizia, o di approfondire la conoscenza di alcune persone interessanti.

Forse potremmo trovare dei nuovi amici tra i colleghi di lavoro, o riallacciare i rapporti che si erano allentati con alcuni familiari. Magari abbiamo anche degli amici lontani che non vediamo da tempo: sarebbe il caso di rientrare in contatto con loro? È il momento di crescere per superare la paura della solitudine. Infatti, sia la fase di solitudine che la sfida per superarla, e per rientrare in contatto con gli altri, fanno parte di un momento importante da non sottovalutare per la nostra crescita personale.

Siamo noi gli unici a sapere davvero come mai siamo rimasti soli, o perché abbiamo scelto di trascorrere un momento di solitudine, o di porre fine a una relazione d'amore o di amicizia. La fase di solitudine potrebbe essere il preludio alla nostra rinascita.

Prepariamoci al meglio ad affrontare i rapporti sociali e a stringere nuove amicizie. Seguiamo le nostre passioni e i nostri interessi, per trovare automaticamente persone che siano sulla nostra stessa lunghezza d'onda. Non limitiamoci ai social networks per cercare di riallacciare i rapporti con gli altri.

Iscriviamoci invece a un corso, andiamo ai concerti, iniziamo a praticare sport, ricontattiamo i migliori amici che non sentiamo da qualche tempo, e apriamoci nei confronti delle persone che sono interessate davvero ad ascoltare la nostra storia.

Quando avremo bisogno di nuovo di qualche momento di solitudine, sarà solo una nostra scelta; sarà "terapeutico" e servirà a guidarci verso una nuova trasformazione.

Capitolo Quindici

PORTO IO QUELLO CHE MANCA...
(la solitudine che arricchisce)

"Sono tempi cattivi, dicono gli uomini.
Vivano bene e i tempi saranno buoni. Noi siamo i tempi.*"

Noi siamo i tempi. Noi siamo gli altri. Noi siamo tutto ciò che vorremmo trovare nella vita, in questa esperienza terrena che compiamo così stretti tra le nostre paure e quelle di chi incontriamo.

Sii quello che manca. Se ti manca il lavoro, creane tu uno adatto a te. Guarda cosa manca intorno e portalo tu: proponilo, dagli un prezzo. Se ne esisteva bisogno te lo compreranno grati.

Se ti manca l'amore, amati tu: comincia a farlo tu, apprezzandoti e riconoscendo come preziose le cose che possiedi tu, che metti in scena tu, le cose che sei e che non ti costa nulla essere. Se ti manca la salute, abbi cura di te: non solo delle tue parti doloranti o ammalate, ma di ogni parte di te. Molto spesso, è partendo da poco che si ottiene molto, a volte tutto.

C'è una metafora di Lucia Giovannini, che ho incontrato in un suo intervento sul canale you tube "Simposio delle donne" (come vivere meglio con te stessa). Essa racconta di una ragazza che sta attraversando un momento difficile della sua vita. Decide allora di andare a trovare il padre, che vive in un'altra città ed è cuoco. Mentre lei comincia a raccontargli, il padre che cosa può fare? Prepara tre pentole, le riempie d'acqua, le mette sul fuoco, e quando l'acqua bolle prende una carota, un uovo e dei chicchi di caffè.

*Sant'Agostino.

143

Mentre lei continua a parlare lui, dopo venti minuti, spegne i fuochi e scola; pone i tre alimenti in tre piatti diversi, poi chiede alla figlia di toccare gli alimenti. Lei tocca le carote e vede che si sono bollite; palpa le uova e sente che sono dure; prende la tazza dell'acqua, ora divenuta caffè, e ne sente il profumo, la fragranza.

Allora il padre le chiede: "Cosa scegli?" La figlia ancora non comprende. Il padre le dice: "Tutti e tre gli alimenti hanno attraversato la stessa cosa, l'acqua bollente, ma hanno reagito in modi diversi. Le carote erano dure e, dopo l'incontro con l'acqua bollente, sono diventate lessate. Le uova erano fragili, e dopo l'incontro con l'acqua bollente si sono indurite. Solo il caffè non è stato trasformato, ma ha trasformato l'acqua, portandole il suo gusto unico.

L'acqua bollente rappresenta uno strumento, ma come scegli di reagire di fronte alle difficoltà della vita? Come le carote, come le uova o come il caffè? La vita è fatta anche di acqua bollente; è fatta di momenti bui e di ardue salite. Sarebbe bello se la vita fosse fatta solo di gioia e momenti belli, ma come ben sappiamo non è quasi mai così: le prove non mancano.

Sembra che vogliano frenarci, fermarci, multarci; ma se imparassimo a non guardarle come limiti o severe dogane, e invece le accettassimo chiedendo loro di venire a trovarci, saremmo proprio noi a invitarle, in quanto sentiremmo che siamo pronti per passare a livelli successivi, come quando a scuola chiedevamo di essere interrogati. Non temeremmo più i loro eventuali giudizi, ma intravedremmo in queste occasioni la possibilità di evolvere, di crescere, di divenire migliori, più grandi.

Rappresenterebbero l'opportunità di entrare nel prossimo futuro non con raccomandazioni di dubbia provenienza, ma con documenti attestanti il nostro impegno e la nostra progressione cercata e raggiunta.

Non siamo i soli a pagare prezzi non richiesti; ci sono precedenti addirittura nella mitologia, come ad esempio nel Simposio di Platone. Il giorno in cui nacque Afrodite, sull'Olimpo si diede una grande festa, alla quale erano presenti tutti gli dei, ad eccezione di Penia che, non avendo degli abiti adatti, non venne invitata*.

La stessa si presentò ugualmente alla festa, ma senza neppure provare a entrare; semplicemente, sperava solo che qualche dio le gettasse un avanzo. Uno degli dei, Poros, dio degli espedienti e dell'arte di arrangiarsi, avendo bevuto troppo nettare si sentì male, e volle uscire all'aperto; ma non fece nemmeno in tempo a uscire che svenne ai piedi di Penia.

Lei era la più povera, lui era il più furbo. Penia era innamorata di Poros e, accortasi dell'ebbrezza della persona amata, ne approfittò per giacere con lui nella speranza di restare incinta. **La naturale unione è proprio quella della povertà con l'arte di arrangiarsi.** Penia si sdraiò accanto a Poros e dalla loro unione nacque un bambino: questi, addirittura, altro non era che Eros, il dio dell'amore, che di tutto è privo e tutto desidera.

Socrate lo descrive così: "Amore non è né bello né delicato, come pensano molti; invece, a somiglianza della madre, è duro, scalzo, peregrino, usa dormir nudo per terra e con la miseria sempre in casa. Come suo padre, invece, è insidiatore dei ricchi, coraggioso, audace, risoluto, sempre pronto a escogitare nuovi trucchi per sopravvivere e inventore di trappole...". Per un filosofo come Socrate, quindi, l'amore era addirittura figlio della povertà.

*https://www.romanoimpero.com/2022/01/dea-penia.html.

Anche partendo da dove non abbiamo nulla che testimoni il nostro valore, nessuno ci negherà mai la possibilità di poter accedere ad altre circostanze, dove potremo essere di nuovo messi alla prova. Potremo addirittura auto-produrre occasioni dove avremo l'opportunità di registrare i nostri record conseguiti, ma anche quelli di altri, poiché noi non abbiamo paura degli altri, specialmente se è il nostro lavoro che li aiuta a crescere; infatti, in queste condizioni benedette che sono il contribuire alle loro vittorie, vinciamo con loro. *Spesso, la cosa più importante è riempire il vuoto percepito!*

Luciana Landolfi, autrice di *"Respira come se fossi felice*"*, afferma che i quattro strumenti di autoguarigione più potenti per una creatura terrestre sono: cantare, ballare, ridere e ringraziare. Lei ci ricorda cose che abbiamo tutti sperimentato, ovvero l'effetto che queste azioni lasciano su mente, corpo, emozioni e spirito.

A lei, come a noi, danno una carica pazzesca; l'entusiasmo va a mille, i colori con cui si osserva il mondo diventano più luminosi e splendenti. Riusciamo più facilmente a cogliere la bellezza ovunque, e il senso di pienezza e di appartenenza abbonda! Amiamo di più. Impegnamoci a produrre più occasioni per amarci e per dare ad altri occasioni per amare; ciò allontanerà la paura e ci farà sentire ancora più capaci, efficaci e performanti.

Una vita ricca d'amore è una vita piena. Spesso, in realtà, quello che ricerchiamo è essere amati; ma ciò può diventare per noi una trappola d'infelicità.

Concentriamoci sull'amore che noi possiamo portare. In tal modo difficilmente saremo rifiutati: c'è troppo bisogno di amore, c'è troppa presenza di paura. È ancora Luciana Landolfi che ci rende attenti su un aspetto importante relativo alle aspettative.

*Edizioni Minerva.

Così come il desiderio di essere amati ci porterà prima nell'attesa e poi nella pretesa di ricevere l'amore come lo pensiamo noi, come lo vogliamo noi, quando vogliamo noi, nel modo esatto in cui lo vorremmo noi... aspettarsi che l'amore arrivi dall'esterno, in ogni sua forma, non farà che *aumentare o riattivare continuamente il senso di vuoto.* La nostra vita sarà davvero piena e appagante solo quando inizieremo per primi ad amare senza avere pretese, senza presentare conti da pagare.

Amare ci permette di riempire dall'interno la nostra vita di questa energia meravigliosa, che solo così potremmo condividere con il mondo. Il paradosso è che, per sentirci felici, cerchiamo fuori un qualcosa che abbiamo già dentro... l'amore.

Amare è/sarebbe, nella nostra natura, la cosa più semplice e naturale che potremmo produrre. E ci accorgiamo di quest'assoluta verità perché quando amiamo stiamo bene. Ci sentiamo forti, sereni e felici, perché il voler amare ci spinge a tirare fuori il meglio di noi per offrirlo al mondo.

Amare è comunque una scelta, consapevole e volontaria, che si concretizza nel rispetto, nella comprensione, nella gentilezza, nella presenza, nel sostegno, nell'ascolto di noi stessi e dell'altro. Riempie di senso la nostra vita, perché ci porta a dare un immenso valore al presente. Ci spinge a vivere ogni cosa con profondità. Ci porta a Esserci. Ci sfida a vivere pienamente, e non a lasciarci vivere passivamente dalle situazioni.

Se vogliamo colmare il senso di vuoto non abbiamo bisogno di riempirci di cose. Sarebbe sufficiente, invece, solo allenare la nostra presenza per imparare ad assaporare ciò che c'è nella nostra vita.

È la presenza attiva che ci porta ad accorgerci di ciò che c'è, a dare valore a ciò che abbiamo, a godere di tutto quello che ci circonda. È lei che ci rinnova continuamente l'occasione per scegliere di dare il meglio di noi. Ed è proprio nel dare il meglio di noi, ovvero nell'amare, che tutto assume significato. Grazie Luciana, perché in una vita ricca di significato non c'è posto per il senso di vuoto. Siamo noi a dover dato un senso e un significato alla nostra vita: chi altri dovrebbe farlo?

Anche solo permettere a qualcuno di poterlo fare, se lo volesse, svuoterebbe di potere la nostra energia: significherebbe consegnarci al volere di una persona che ha un'altra visione di vita, adatta non alla nostra vita ma alla sua.

Nel suo Siddharta, Hermann Hesse si proponeva e ci prospettava una meta: diventare vuoto, vuoto di sete, vuoto di desideri, vuoto di sogni, vuoto di gioia e di dolore. Morire a se stesso, non essere più lui, trovare la pace del cuore svuotato, nella spersonalizzazione del pensiero rimanere aperto al miracolo: questa era la sua meta. Essa forse potrebbe servire anche a noi per completare un'altra visione del vuoto, non solo in funzione di trovare sensi con i quali completarlo, ma per osservarlo e riempirlo di respiri, di concentrazione di consapevolezza ed essenza divina di noi. Se perdiamo il senso che diamo alla nostra esistenza, una delle forme di reazione più diffuse che abbiamo è la depressione.

Tutti sappiamo quanto la depressione sia una vera e propria malattia, che distacca dalla realtà e che può quindi turbare gli equilibri familiari di chi ne è colpito.

Il Dott. Gian Marco Giobbio, psichiatra presso i centri di riabilitazione dei Fatebenefratelli, ci fornisce quattro preziosi consigli per superarla.

1) Accettare la malattia: *"La depressione"*, ci spiega il Dott. Giobbio, *"è una vera e propria malattia, e non va confusa con la tristezza o con la malinconia, sentimenti che frequentemente sperimentiamo nella nostra vita. I sintomi depressivi possono insorgere dopo eventi di perdita, come ad esempio un lutto, ma in questo caso non si tratta di patologia: è infatti una fisiologica reazione che facilita i meccanismi di elaborazione e ha una durata limitata"*. La depressione patologica compare invece indipendentemente da quanto ci sta accadendo o comunque rappresenta una reazione esagerata, incomprensibile rispetto agli eventi (…).

2) Non vergognarsi mai. A volte, capita che si provi imbarazzo per quel genitore o quel parente che non vuole più uscire di casa, che si trascina col pigiama e magari non ha neppure voglia di lavarsi. *"A volte ci infastidisce vedere che una persona a cui vogliamo bene si lasci andare, che trascorra gran parte della sua giornata a letto senza fare nulla"* ammette Giobbio, *"ma dobbiamo essere consapevoli che questo comportamento non è sotto il suo controllo, ed è ulteriormente inficiato dal senso d'inutilità e del vissuto d'impossibilità al cambiamento tipico del soggetto depresso"* (…).

3) Non forzare. In presenza di sintomi depressivi che durano da oltre una settimana, e in assenza di evidenti fattori scatenanti, occorre rivolgersi al medico per una corretta diagnosi e un'adeguata terapia psicologica e farmacologica. *"Molto importante, però, è l'approccio dei familiari"* rimarca lo psichiatra. *"Chi è depresso vive la realtà con distacco. È come se fosse uno spettatore che guarda da lontano la vita propria e quella dei propri cari, senza potervi partecipare: paradossalmen-*

te, il tentativo di coinvolgere il paziente in situazioni gioiose sortisce l'effetto opposto" (...).

4) Essere presenti. Soprattutto, quello che conta davvero è la nostra presenza: *"Anche se il nostro congiunto vuole rimanere a letto, è bene accettare questa condizione senza spaventarci troppo: l'importante è stargli vicino, magari in silenzio, facendogli sentire che ci siamo".* Per quanto riguarda la terapia, è utile ricordare che esistono differenti tipi di depressione per durata, ciclicità e caratteristiche cliniche (...)*

*htps://www.fatebenefratelli.it/blog/depressione-4-utili-consigli-per-superarla.

Capitolo Sedici

COME DIVENIRE COMPLETI...

"Tutti nasciamo felici. Lungo la strada della vita ci si sporca, ma possiamo pulirci. La felicità non è esuberante né chiassosa, come il piacere o l'allegria.
È silenziosa, tranquilla, dolce; è uno stato intimo di soddisfazione che inizia dal voler bene a se stessi*"

Se, e quando, io ti dico che "questo, o qualcosa di meglio, è previsto per te" intendo precisamente che (al fine di debilitare le parti peggiori di noi) noi non ci fissiamo su quello che non scorre in quel momento, ma costruiremo altre miriadi di rivoli che più sotto si congiungeranno tra loro; ed ecco che, di nuovo, il fiume ricomposto sarà riuscito a passare dove l'ostruzione, che ora sappiamo essere stata una prova, sembrava bloccare inequivocabilmente e per sempre. E il fiume riunito sarà ancora più forte e potente di prima; e solo noi sapremo che c'erano stati momenti in cui quel fiume impetuoso era ridotto a pressoché una catenella di gocce attaccate una all'altra.

Sapremo inoltre che solo noi, e la fede nell'Universo, ci hanno dato la possibilità di cavalcare quelle difficoltà e di domarle. E comunque solo questo ha permesso di riportare gli eventi a dove volevamo noi senza perdere nulla, ma anzi guadagnando tutto quello che ci serviva.

E in più, questo è accaduto ottenendo in cambio un'enorme nuova forza, consapevole nelle nostre possibilità.

* Da: L'amante Giapponese – Isabel Allende Feltrinelli.

La nostra chiarezza acquisita, e la nostra ora accresciuta autostima, nutrita dal conseguimento e ottenimento del risultato che prima cercavamo disperatamente, ci restituiscono un'immagine di noi che parla ora di una forza mai vissuta prima e di respiri nuovi, che ci fanno sperimentare che cosa si prova nel sentirci invincibili. E, attraverso questo "sentire", abbiamo la possibilità di diventare così, se non invincibili, probabili vincenti, ai botteghini delle scommesse di chi non si confronta con i propri limiti, ma osserva quello che fanno gli altri nutrendosi dei loro risultati, come coloro che si sentono sportivi perché passano le loro domeniche allo stadio. *Realizzeremo ora tutto quello che noi avevamo visto!!!* Accadrà, poiché ora gli eventi manifestati e i nostri pensieri, hanno reso tutto possibile.

Un antico proverbio indiano dice che ognuno di noi è come una casa con quattro stanze: una fisica, una mentale, una emotiva e una spirituale. La maggior parte di noi tende a vivere in una stanza per gran parte del tempo; ma finché non andremo ogni giorno in ogni stanza, anche solo per arieggiarla, per viverla, per chiederle che cosa manca e vedere cosa è in più, noi non saremo persone complete. Non funzioneremmo al meglio delle nostre possibilità.

Qual è il segno del tuo passaggio in questa esperienza terrena che vorresti restasse indelebile? Creiamo ora un esercizio personalizzato per stabilire cosa Ti manca per essere e sentirti completo/a. È proprio solo per Te che lo faccio...

Inizialmente chiediti: *A quale ruolo mi sono votata/o?* Non giudicarti: quale che sia, siamo ancora in tempo per rimediare. Ma come farlo? Non cerchiamo scuse, non servono ora. Non abbiamo sbagliato niente.

Il passato ci ha portato qui, e anche i santi hanno un passato.

A) Se ci accorgiamo che siamo stati "troppo madri o padri" è facile rimediare: in tal caso, basta lasciare più spazi ai ragazzi, che saranno ben felici di sentirsi autorizzati a esplorare quel mondo che sentivano lontano, e magari filtrato dalla cappa eccessivamente protettiva dei propri genitori.

Bisogna lasciare loro il potere di imparare a viaggiare, di uscire più spesso, di confrontarsi con un mondo che era divenuto più teorico e "impaurente" di quanto non sarebbe stato gradito neppure da noi. Conoscere persone nuove, accorgendosi che là fuori è pieno di bella gente che gradisce la loro compagnia e che li vorrebbe conoscere, comporta spesso delle belle iniezioni di fiducia nel futuro; il restare in casa a far compagnia a noi padri e madri, che abbiamo già vissuto il doppio dei loro anni, non era la cosa migliore che potevamo pretendere, né per loro né per noi.

E forse, risultato ancora più macroscopico, magari ci accorgeremmo che i loro successi, sia scolastici che sociali, crescerebbero in maniera esponenziale; quei comportamenti un po' "autistici" e poco disponibili, dei quali ci lamentavamo, forse scomparirebbero presto, e i loro sorrisi, divenuti ormai così rari, riprenderebbero a illuminare le nostre case e le loro giornate. *Non sarebbe un risultato straordinario?*

Non avete idea di quanto i nostri egoismi di questo tipo possano pregiudicare i risultati dei vostri ragazzi, più spesso di quanto non siamo disposti a credere. C'è chi dice che i ragazzi hanno solo due problemi: uno è rappresentato dal papà e dai suoi limiti, e uno è rappresentato dalla mamma e dagli esempi che vorrebbe inculcare in loro.

Io non sono d'accordo su questo punto... ma basta andare a vedere una partita di calcio in uno di quei piccoli campi sportivi di periferia, o a una pista di ghiaccio dove pattinano delle bambine, o vicino un campo da tennis durante un torneo tra ragazzi, per accorgersi di quanto certi genitori siano addirittura d'intralcio sulle possibilità che un talento possa espandersi e ancorarsi nei loro figli. Invece che insegnare loro a crescere attraverso l'impegno e la motivazione, li trattano come se fossero già dei veri campioni che non hanno più nulla da imparare.

Nessuno dovrebbe mai dire di non aver più nulla da imparare: figurarsi qualcuno che magari ha undici anni e che, pur talentuoso che sia, di cose da apprendere ne ha miliardi. C'è un'unica persona che può insegnare ai nostri figli a vincere sia in gara che nella vita, e questa persona è se stessa con i suoi limiti precedenti, non gli altri! Non occorre forzare qualcosa per entrare nei luoghi che contano per loro, nell'amore, nel mondo del lavoro, sui podi delle varie possibilità, ma aiutarli a sciogliere i loro dubbi e le loro paure. Bisogna fare qualcosa per uscire dalle loro abitudini, dalla carenza, oppure dalle zone di comfort che noi abbiamo creato intorno a loro.

B) E se ci dovessimo accorgere che noi siamo invece "ancora troppo figli"? La notizia buona è che ciò significherebbe che siamo ancora giovani. E se lo siamo, maggiore appare il tempo a nostra disposizione per rimediare. In questo caso occorrerebbe cominciare progressivamente a toglierci almeno alcune delle "catene" (se le percepiamo come pesanti), "ragnatele" (se percepite come leggere), che ci sono state imposte e che noi avevamo accettato. Molte di queste sarebbero da rinegoziare.

Tutte le domeniche accompagnavi a pranzo tua madre o tuo padre, rimasti purtroppo soli? È certamente stato importante per te, e per loro, elaborare il lutto in questo modo e affrontare insieme il dolore e una nuova organizzazione di prospettive reattive. Però ora, trascorso tanto tempo, continuare a farlo, e in tal modo, potrebbe forse pregiudicarti la possibilità di poter andar via il fine settimana, almeno ogni tanto.

Hai la forza di considerare che queste abitudini potrebbero essere diventate un peso che, chissà, non è neppure così apprezzato come credevi? A volte è difficile nei due sensi parlare di queste cose; più spesso di quanto non si possa credere, però, il sollievo che si ottiene smorzando abitudini che vengono ritenute "doverose" comporta più allegria e leggerezza di quanto non si possa immaginare. Avete quindi identificato a quale ruolo vi siete votati? *E quali limiti di considerazione avete accettato*? Ci siete riusciti?

Isolare questa verità è un passo decisivo e trasformativo già di per sé. Ne eravate coscienti o è stata una rivelazione? Che cosa potrebbe accadere se vi decidereste a dare le "dimissioni da quel ruolo"? Che cosa ne deriverebbe? Quello che potrebbe accadere sarebbe che...? Che cosa potreste perdere...? Chi ne sarebbe deluso...? Loro? Voi? E se quel ruolo inadatto che hai interpretato non ti rappresentasse più e avresti voglia di fare subito una doccia calda per cancellarlo dalla tua pelle, come uscirne? Come restituire il copione e farsi dare un'altra parte? Non lo sai? Potrebbe allora essere interessante, se non vuoi decidere oggi, chiederti cosa vorresti essere/diventare più avanti?

Forse aiuterebbe anche rendere presto più evidente che ciò che scegli, o non scegli, ti avvicina o ti allontana da quello che vorresti interpretare un giorno?

Sì. In questo caso, la domanda da porti non sarà più: "Cosa decido ora?" ma *Se faccio o non faccio questo, mi avvicino o mi allontano dal mio obiettivo?*".

La fiducia in te stessa/o, la tua autostima, rappresenta la consapevolezza del fatto che, se non decidi tu, decideranno gli altri anche per te. La via d'uscita dall'apatia sta sempre e soltanto nella motivazione. Va' dove avevi nascosto la tua; vai e rivisitala. Forse le donne, o forse gli uomini, te ne hanno tolta una parte, perché da loro ricevevi un nutrimento insperato; e, come molti condottieri, ti sei arrestato/a lì, e allora forse hai cambiato obiettivi e strategie per restare ferma/o e nutrirtene!

I libri di storia sono pieni di cambiamenti del genere. Tutti i confini delle nazioni potrebbero avere nomi di donne più che di uomini, **ma alle donne questo genere di riconoscimenti non interessa**. Le donne sono meno esigenti dei maschi e si accontentano di piccoli progressi. Hanno molta più pazienza; dopo aver lavorato in un luogo deputato al lavoro arrivano a casa, dove i lavori si moltiplicano, e oltre al ruolo di mogli/mamme, diventano anche cuoche/infermiere/balie/amanti/donnedellepulizie/stiratrici/postine/contabili e mille altre cose.

Però... è bene non fare mai addizioni negative, né addizioni che alimentino un risultato fallimentare. Fermiamo l'operazione; non serve sapere di quanto potremmo aver concesso e di quando avremmo sbagliato strada. Cerchiamo prima di correggere e limitare i danni; poi faremo l'inventario di quanto abbiamo perso o danneggiato o, perché no, guadagnato. Guardiamo solo ciò che ha funzionato, e cerchiamo di ripeterne i meccanismi, rispecchiando il famoso proposito positivo di vedere sempre il lato migliore di noi e degli altri in ogni circostanza.

Talvolta, nelle attese che si verifichino le condizioni per concludere realizzazioni importanti, abbiamo l'occasione e il tempo per connetterci con noi stessi e sperimentare. **Saper apprendere ad affidarci all'intelligenza infinita**, per agire in armonia con il Suo insegnamento, ci porterebbe fuori dalle cose che non scorrono, senza bisogno d'impegni supplementari, affidandoci, proprio come si scende dalle rapide tenendo i remi in barca. Giungeremmo magari a ottimizzare un meraviglioso rapporto con Dio, o con la nostra parte divina...

Ciò che è difficile lasciare andare del passato sono le cose più dolorose che abbiamo vissuto, ma che non riusciamo a perdonare: quelle più gravi, ma tanto care a una parte di noi che vorrebbe, sopra a ogni cosa e più di tutto, farci soffrire ancora!

Perdonare serve a mettere in scacco la parte peggiore di noi e a prenotare le vittorie sicure, poiché, come diceva Freud, **dietro ogni tabù c'è un desiderio.** E, una volta ottenute, dietro molte cose volute si nasconde, talvolta solo una sorta di premio di consolazione, il cui gusto spesso è amaro e molto diverso da ciò che avevamo preventivato.

Avete notato, le volte in cui tornate in un luogo dove avete dei ricordi di quando eravate piccoli, quanto anche quei luoghi vi possano apparire minuscoli? Le strade che ricordavate grandi ora sono obbligatoriamente divenute a senso unico: solo nei nostri ricordi ci passavano anche i camion e i bus. *Questo accade perché ora siete grandi!!!*

Mettiti al primo posto, conquistati, stupisciti, occupati di te. Se un ipotetico problema si risolvesse velocemente, portando nella tua esistenza dei vistosi vantaggi concreti che ti risarcissero ampiamente dei piccoli disagi provocati all'inizio dell'apparente imprevisto, saresti felice di quanto accaduto, o preferiresti che quanto avvenuto non si fosse mai verificato?

Se una crepa appena comparsa su un muro di una casa che hai acquistato da poco ti svelasse l'esistenza di un ulteriore grandissimo spazio, che di fatto ti permetterebbe di aggiungere altre grandissime stanze alla tua proprietà, semplicemente facendo crollare quel fragile muro, saresti felice e faresti abbattere subito quell'inutile limite, o continueresti in maniera inconsolabile a lamentarti della crepa del muro trovata nella casa che hai appena acquistato? *Come reagiresti rispetto a un miracolo finanziario?*

Dopo aver vinto una grossa vincita a una lotteria, una coppia di Roma ha acquistato solo una casa, e lei si è rifatta anche il seno; per il resto, i due hanno continuato a fare la vita di prima, lavorando entrambi tutti i giorni negli stessi luoghi di lavoro, mantenendo sempre le medesime abitudini. Trascorrono semplicemente la domenica insieme ad essere felici e, visto che lo erano anche prima, hanno cercato di cambiare meno cose possibili nel loro quotidiano.

Il messaggio è: Noi vogliamo essere felici come prima, e tutto il resto sono oggetti. Faresti anche tu come loro? Vuoi scoprire come andranno a finire le tue giornate?

Vivile intensamente, con passione; e se oggi lo hai fatto, ora decidi anche come vuoi che vadano a finire le tue giornate che arriveranno. Le vivrai altrettanto intensamente e con entusiasmo? Tutto quello che realizzerai, d'ora in poi, farà la differenza per sempre: "Via!" Vai e prenditi quello che è tuo! *É il momento del tuo raccolto:* **fai vedere all'Universo che vuoi davvero quello che hai chiesto!**

Sono gli ultimi metri, ma ora occorre, ed è indispensabile, che tu sia presente con ogni parte di te, interamente!

Essere il numero uno al mondo in un'attività è una cosa che capita a un numero ristretto di persone sul pianeta, ma *sentirsi* come un campione del mondo è qualcosa che può riguardare anche te!

È una scelta.

E se avrai bisogno di aiuto, mi troverai sempre al tuo fianco...

Con Amore,

Carmen

RINGRAZIAMENTI:

Il primo ringraziamento va a Tiberio Faraci, il mio coach, per aver "CREDUTO" in me, per il suo sostegno nel realizzare questo progetto, scrivere un libro, e offrire ai lettori alcuni spunti per riflettere su loro nel quotidiano.

Grazie a Tiberio sono riuscita a tradurre in parole ciò che avevo da tempo nel mio cuore...

Grazie per avermi dato l'opportunità di lavorare e "crescere", e imparare a "guardare il labirinto dall'alto".

Grazie per aver accolto la richiesta di scrivere l'introduzione a questo capolavoro.

Ringrazio con tutto il cuore l'Insegnante Susanna Maravigna, per aver lanciato "il primo sassolino" invitandomi a scrivere un libro. Quando sentii la sua proposta, rimasi quasi "paralizzata": "...Io, scrivere... un libro? ...MA CHE DICI?!". Lei mi spiegò con fiducia il valore di farmi conoscere scrivendo un libro.

Grazie alla mia famiglia per avermi donato la vita, e per aver nel tempo compreso il mio desiderio di studiare, fare ricerca per me per poi arrivare alle anime.

Un grazie alla Dirigente Scolastica Dott.ssa Lucrezia Russo per avermi offerto l'opportunità di creare "Lo sportello di ascolto" e portare la mia risorsa nelle scuole.

Grazie alla Dott.ssa Arianna Garrone, direttrice della Scuola di Counseling relazionale Artemisia, per avermi accompagnata nella formazione, offrendomi gli strumenti per diventare una counselor.

Grazie a Ester, Direttrice dell'Agenzia viaggi "Saffarona". Con la sua accoglienza, il suo sorriso, la sua disponibilità mi ha incoraggiata, e aiutata, a organizzare e realizzare il mio sogno: il mio viaggio nelle Isole Maldive.

Grazie a tutti i miei amici e colleghi di lavoro per avermi regalato un pensiero di luce, e soprattutto incoraggiato a scrivere.

Grazie a tutti i miei clienti che mi hanno voluto affidare la loro storia, e hanno voluto farne un dono a voi Lettori.

Un Grazie speciale lo devo a me, per essermi impegnata; per la mia buona volontà, per la mia resilienza, per la fiducia in un grande Amico chiamato Gesù, o Universo, per chi preferisce.

Ho chiesto più volte, rivolgendomi al cielo, di capire, attraverso qualche "segno"... cosa vuole la vita da Me. Concludo condividendo con Voi questo pensiero di H.B.Mackay: "Non limitarti a segnare il tempo, usa il tempo per lasciare il tuo SEGNO".

E grazie ancora a:

Dott. Valerio Albisetti (psicologo, psicoterapeuta, esperto in psicoanalisi contemporanea)
Dott.ssa Lucia Cavallo (psicologa psicoterapeuta)
Dott.ssa Consuelo C. Casula (specialista in psicologia del lavoro e psicoterapia ipnotica)
Dott.ssa Monica Fiocco (psicopedagogista e formatrice)
Dott. Mario Giobbio (psichiatra)
Dott.ssa Valentina Gerini (scrittrice e operatrice turistica)
Dott. Giovanni Moretti (psichiatra, psicoterapeuta)
Dott. Andrea Vannini (neuropsichiatra)
Dott. Daniel Lumera (biologo, naturalista, docente)
Claudio Belotti (coach co-fondatore di Extraordinary)
Alain De Botton (scrittore).

BIBLIOGRAFIA:

Amy Johnson "Il piccolo libro per cambiare vita".
Cèline Santini "Kintsugi".
Dorothy Lav Nolte "I bambini imparano quello che vivono".
Hermam Hesse "Siddartha".
Isabel Allende "L'amante giapponese".
Luciana Landolfi "Respira come se fossi felice".
J.Demartini "Cambia subito la tua vita".
Og Mandino "Il più grande venditore del mondo".
Rosette Poletti e Barbara Dobbs "Accettare ciò che è".
Tiberio Faraci "Non possiamo leggere il futuro, ma possiamo scriverlo".
Tiberio Faraci "Mi amo o non mi amo".
Yvon Devoyet "Il Segreto delle persone felici".

INDICE

Carmen Carlone

Insegna nella Scuola dell'Infanzia da oltre 30 anni. Nel 2014 fino al 2017 non volendo perdere l'appuntamento più importante, quello con se stessa, incontra Tiberio Faraci motivatore e coach. Con lui dal 2014 inizia un percorso di crescita personale, che le fa comprendere che la sua realizzazione avrebbe trovato completamento nella dimensione di aiuto al prossimo. Cosi nel 2017 inizia una formazione triennale di Counseling con L'Istituto Artemisia di Torino, che sarebbe durata fino al 2019. In seguito per avere un'ulteriore possibilità di sviluppo, nel 2018 e 2019 frequenta contemporaneamente una formazione di Coaching ancora con Tiberio Faraci, e con Laura Goglio, Dott.sa in Psicologia Clinico-Dinamica dell'Università di Padova e iscritta all'Albo. Ciò la porta a confrontarsi con l'esperenzialità della professione conseguendo l'attestato di qualifica personale di "Consultant Coach", alternando il suo operato nelle sedi di Lugano e Milano. Nel 2017 avendo approfondito una ricerca sul tema del Perdono, studiando il libro di Tiberio Faraci "Ricomincia da Te" ha contribuito in maniera decisiva alla realizzazione del libro "Accedi al tuo Immenso Potenziale", gli esercizi del perdono, di Tiberio Faraci e Laura Goglio, accedendo al suo sogno e realizzandolo diventando lei stessa Operatrice di Crescita Personale, fino ad arrivare a oggi alla concretizzazione del suo libro "Clexidre e i Suoi Mondi".

DOVE TROVARE CARMEN CARLONE:

CARMEN CARLONE

*Consultant Coach e
Counselor Relazionale*

carmencarlone@libero.it

0039 3487429549

A tutti coloro che vorranno
chiedere informazioni, scrivere pareri,
richiedere altri volumi
potranno farlo alle seguenti mail:

splendidamente.edizioni@gmail.com
splendidamente2011@libero.it

visitate il sito
www.edizionisplendidamente.com

Tutti i giorni postiamo i migliori Video,
Aforismi, Articoli, Musiche, brani di Saggezza,
Consapevolezza, Motivazionali…
per una continua e quotidiana
Crescita Personale e Professionale

Invieremo gratuitamente e senza impegno
a coloro che ce lo chiederanno
un catalogo con altri titoli

ALTRI TITOLI "SPLENDIDAMENTE"

L'arte di Vivere Felici ovvero **CAPIRSI STIMARSI AMARSI**

Omar Falworth - Pag 192 - 14x21 – Prezzo: € 12,90

Oggi identifichiamo la felicità con **IL MIGLIOR BENESSERE,** ossia... una miglior disponibilità economica, una miglior posizione sociale, una casa migliore, un lavoro migliore, un amore migliore, amici migliori, viaggi in posti da sogno. Sì, questo benessere delle Cose-fuori-di-Noi è un buon benessere, ma non è il **MIGLIOR BENESSERE. Il MIGLIOR BENESSERE non si trova nelle cose fuori di noi, ma in quelle dentro di noi...** e per raggiungerlo occorre **Capirsi Stimarsi Amarsi**

INNAMORARSI AMARE VIVERE INSIEME

Omar Falworth - Pag 192 - 14x21 – Prezzo: € 12,90

Libro davvero originale, molto costruttivo e comprensibile. Il suo particolare modo di scrivere cattura l'attenzione del lettore producendo effetti più che positivi. Un ottimo libro, dispensatore di consigli utili per chi vuole migliorare i rapporti interpersonali e imparare, finalmente, in un modo del tutto originale, l'arte di amare.

PENSIERI POSITIVI PER VIVERE CON LA GIOIA NEL CUORE

Omar Falworth - Pag 192 - 14x21 – Prezzo: € 13,90

Un libro utile per chi decide di prendere in mano la propria vita e migliorare il benessere interiore accrescendo la gioia di vivere.. Sono racchiusi tanti utilissimi consigli che letti ogni giorno possono contribuire a renderci sempre più felici.

PENSIERI AZZURRI PER VIVERE SERENI

Omar Falworth - Pag 192 - 14x21 – Prezzo: € 12,90

Non commettere l'errore di credere che raggiungerai la serenità quando riuscirai a risolvere tutti i tuoi problemi.
Sentirsi sereni è una condizione dello spirito, non una condizione di tranquillità psicologica,
È un profondo sentimento che dipende dal tuo modo di ESSERE, non dal perfetto andamento della tua vita.

ANIME FATTE DI STELLE

Stefania Sanson - Formato: Libro - Pag 315 - € 20,00

Anime Fatte di Stelle è una storia che si intreccia fra tre donne e un libro: nonna Titorea, sua figlia Maera e la nipote Sibilla. È un racconto di Anime alla ricerca di se stesse e della loro natura. La vita non è sempre in discesa. Quando le difficoltà si presentano è facile perdere la bussola e il contatto con la propria Anima che, invece, guarderebbe gli accadimenti da un'altra prospettiva. Ci vuole qualcuno o qualcosa che, attraverso i suoi insegnamenti,

DIVENTA TU N.1 AL MONDO

Tiberio Faraci - Pag 328 - € 13,50

Ogni volta che non sei te stesso e ti sminuisci, ti stai uniformando a un livello inferiore al tuo.
Quando eleverai il tuo potenziale avrai accesso a ciò che potresti essere veramente.
Noi siamo la specie più evoluta del Pianeta. Siamo la massima espressione del progetto divino e della Sua Creatività. Noi testimoniamo la Sua volontà di darci tutto: se prendessimo coscienza che questa è la verità, nessuno si troverebbe in un punto più progredito e avanzato della nostra posizione energetica!

ESSERE PIÙ AMABILI

Omar Falworth & Laura Uboldi - Pag 192 - € 15,00

Per raggiungere la migliore felicità è fondamentale avere ottimi rapporti con gli altri. Gli altri danno compagnia, affetto, incoraggiano, danno una mano, sono vicini a sé quando si è in difficoltà.
Per questo motivo è necessario andare d'accordo con tutti, avere tanti buoni amici e, soprattutto, crearsi qualche profonda amicizia.
A tale scopo è indispensabile essere molto amabili. In questo libro, i due autori, con molta simpatia e concretezza, ci insegnano cos'è la "vera" amabilità.

L'ARTE DI VIVERE

Antonello Pumilia - Pag 240 – € 15,00

Capitoli brevi e un linguaggio semplice, chiaro e diretto, fanno di questo ricco manuale un'opera illuminante, gradevole oltre che utile nella vita di tutti i giorni. Dieci principi universali per tutti coloro che vogliono prendere in mano le redini della loro vita, ritrovare la pace, scoprire gioie mai vissute, riuscire a realizzare i propri sogni e gustarsi la vera felicità.